Walther · Tausendundeine Nacht

Artemis Einführungen

Band 31

Herausgegeben von
Peter Brang
Willi Erzgräber
Hans Fromm
Manfred Fuhrmann
Walter Hinck
Ulrich Mölk
Klaus von See

Tausendundeine Nacht

Eine Einführung
von Wiebke Walther

ARTEMIS VERLAG
MÜNCHEN UND ZÜRICH

CIP-Kurztitelaufnahme der Deutschen Bibliothek

Walther, Wiebke
Tausendundeine Nacht
e. Einf. / von Wiebke Walther
München ; Zürich : Artemis Verlag, 1987.
(Artemis Einführungen ; Bd. 31)
ISBN 3-7608-1331-3

NE: GT

© 1987 Artemis Verlag München und Zürich,
Verlagsort München.
Alle Rechte, einschließlich derjenigen des auszugsweisen
Abdrucks und der photomechanischen Wiedergabe,
vorbehalten. Satz: Jung SatzCentrum, Lahnau
Druck und Bindung: Pustet, Regensburg
Printed in Germany

INHALT

VI. *Analysen*

VII. *Vom »archetypischen Glanz« und literarischer Neubesinnung*

VORWORT

Das Buch der tausendundein Nächte – ein Buch, das außerhalb seiner Herkunftsregion von einem Nimbus umgeben ist: Symbol für Schwelgen in einer sinnenfreudigen Märchenwelt, für Zauberrequisiten und allmächtige Geister, die dem Menschen zu funkelnden Schätzen verhelfen, ihm in Bewährungssituationen alles überwindende Kräfte verleihen; Inbegriff phantasiebeflügelnden kindlichen Lesevergnügens; d a s repräsentative Werk der arabischen Literatur.

Vielleicht sollte man ein Buch über dieses Buch damit beginnen, daß man seinen Nimbus abbaut. Tausendundeine Nacht verliert dadurch nicht an Wert. Zunächst: es ist damit, wie mit anderen Büchern, die wir in der Kindheit liebgewannen, *Gullivers Reisen* etwa oder *Robinson Crusoe,* sie waren ursprünglich nicht für Kinder bestimmt. Kindertümlich wurden sie durch Bearbeitungen. Die ersten vollständigen Übersetzungen von Tausendundeiner Nacht oder besser: der *ägyptischen Rezension* der Sammlung seit 1882 erschienen aus Zensurgründen in limitierten Auflagen und wurden nur an private Subskribenten abgegeben. Man ordnete das Werk damals eher den Erotika zu. So findet es sich auch in HAYN-GOTENDORFS Bibliographie der erotischen Literatur, in der im übrigen einiges nach dem in Kapitel IV Gesagten zu korrigieren ist.

Dann: gebildeten Arabern galten Geschichten wie die aus Tausendundeiner Nacht jahrhundertelang als Subliteratur. Erst die europäische Faszination für die Sammlung führte zu einem Wandel der Bewertung, wenn auch kaum dazu, Tausendundeine Nacht für d a s repräsentative Werk der arabischen Literatur zu halten.

D a s Buch der tausendundein Nächte gibt es im Grunde ebenfalls nicht, selbst wenn die wörtliche Übersetzung des arabischen Titels *Kitāb Alf Laila wa-Laila* so lautet. Genauere Kenntnis haben wir von dem Werk erst durch arabische Handschriften, deren früheste aus dem 15. Jahrhundert stammt. Die anderen Alf-Laila-Handschriften sind jünger, entstanden zum größeren Teil erst in der Zeit, als begeisterte Europäer im Orient nach vollständigen Handschriften fahndeten. Ein Vergleich zeigt, daß sie im Geschichtenbestand wie in der Ausformung der Geschichten, die allen oder doch mehreren Handschriften gemeinsam sind, und des Rahmens mehr oder weniger differieren. Handelt es sich doch hier um Volksliteratur. Jeder Erzähler verfuhr auf seine Weise. Auch die Rezensenten, also die Kompilatoren der Sammlungen, taten das. Europäische Übersetzer, angefangen beim Entdecker der Nächte für Europa, dem französischen Orientalisten und Orientreisenden ANTOINE GALLAND (1646–1715), haben erheblich zum Geschichtenbestand des Werks, das außerhalb der arabischen Länder als Tausendundeine Nacht gilt, beigetragen. Für manche Geschichten, etwa die *von den beiden Schwestern, die ihre Schwester beneideten,* hat man bis heute keinen arabischen Text gefunden. *Sindbad der Seefahrer* und das *Ebenholzpferd* wurden offenbar erst relativ spät in die ägyptische Rezension aufgenommen. Für zwei Geschichten, die bei uns als die repräsentativsten der Sammlung gelten, *'Alā' ed-Dīn und die Wunderlampe* und *Ali Baba und die vierzig Räuber,* hat man erst im vorigen Jahrhundert beziehungsweise zu Beginn dieses Jahrhunderts je einen freistehenden arabischen Text entdeckt. Beide Texte erinnern in ihrer mehr oder weniger moralisierend-didaktischen Ausformung an die Gallandsche Übersetzung. Denn: bis in die achtziger Jahre des vorigen Jahrhunderts haben die Übersetzer die Geschichten ihren Vorstellungen vom Geschmack ihrer Leser angepaßt. Deutsche Kinderbuchausgaben stutzen, wie die in aller Welt, die Märchen für kindliche Leser zurecht.

So soll im folgenden der Geschichte der Sammlung im

Orient und in Europa, auch der der Übersetzungen, nach-
gegangen werden, den Gründen für die so unterschiedliche Rezeption innerhalb und außerhalb der Herkunftsregion. Ein Querschnittskapitel über die äußere Gestalt
stützt sich vorwiegend auf die vollständige deutsche
Übersetzung des Arabisten und Äthiopisten ENNO LITT-
MANN (1875–1958), die zum ersten Mal 1921–28 beim
Inselverlag erschien, und die ihr zugrundeliegenden arabischen Texte. Es berücksichtigt auch Geschichten, die aus
Platzgründen hier nicht analysiert werden konnten. Littmann übersetzte nach dem *zweiten Kalkuttaer Druck*
1839–42 und fügte Geschichten, die in ihm nicht enthalten sind, für Nichtaraber aber zu den Standardstücken der
Sammlung zählen, nach anderen Quellen hinzu. Seine
Anmerkungen wie sein Nachwort (Li VI, 642 f.) geben
darüber Auskunft.

Die Analysen können bei dem zur Verfügung stehenden Raum nur wenige Glanzstücke der Sammlung be-
rücksichtigen. Das waren und sind für Europäer wohl
stets die Zaubermärchen. Doch wurden auch weniger
bekannte Märchen aufgenommen wie das von *Dschullanār, der Meermaid,* als sicher einem der ältesten Stücke, und
die späte Märchenhumoreske von *Ma'rūf dem Schuhflicker.*
Auf einige Unterschiede dieser Geschichten in anderen,
teils noch nicht übersetzten, gedruckt vorliegenden Fassungen wird dabei verwiesen. Manches in der Interpreta-
tion relativiert sich so. Zudem bietet der zweite Kalkuttaer Druck durchaus nicht immer die literarisch beste
Fassung. Für die unterschiedlichen Drucke und Übersetz-
zungen werden, um den Text nicht unnötig aufzubau-
schen, Abkürzungen verwendet, die in der Bibliographie
zu entschlüsseln sind.

Wie Tausendundeine Nacht in literarischen Auseinan-
dersetzungen mit politischen und sozialen Problemen im
arabischen Raum der Gegenwart eine aktuelle Dimension
gewonnen hat, wird abschließend kurz umrissen.

Zum Schluß sei allen Bibliotheken und Kollegen, die

mich bereitwillig und schnell mit gewünschter Literatur versorgten, herzlich gedankt. Mein besonderer Dank gilt Herrn Professor Dr. Heinz Mode in Halle an der Saale, der mir für die Arbeit an dieser Einführung freundlicherweise Bände aus seiner kostbaren Tausendundeine-Nacht-Sammlung überließ.

Da die Einführung sich an einen größeren Leserkreis wendet, wird die vereinfachte Umschrift arabischer und persischer Namen und Begriffe aus der Übersetzung von Enno Littmann übernommen (Li VI, 729). Längestriche über Vokalen bezeichnen also die Betonung, ch ist zu sprechen wie im deutschen »Bach«, h vor Konsonanten (zum Beispiel in Schehrijār) ist kein Dehnungs-h, sondern konsonantisch, ebenfalls wie ch im deutschen »Bach«; z entspricht dem stimmhaften s in »Rose«.

I

*»Die Geschichte von dem König und der
Tochter des Wesirs«*

Zur Entwicklung der Sammlung bis ins 15. Jahrhundert. Der Rahmen.
Der Titel. Die älteste erhaltene Handschrift.

Wir können die Spuren von Tausendundeiner Nacht im
arabischen Raum, genauer: im Irak, bis ins 8. Jahrhundert
zurückverfolgen. Im Jahr 750 waren hier die Abbasiden zur
Herrschaft gelangt. 762 gründeten sie Bagdad als ihre Me-
tropole. Unter der zunächst relativ stabilen politischen und
administrativen Macht dieser Dynastie, die sich auf eine
prosperierende Wirtschaft stützte, erwuchs in der Hafen-
stadt Basra und dann auch in Bagdad eine blühende städ-
tisch-höfische Kultur, die Kultur des arabisch-islamischen
Mittelalters. Sie entstand aus der Verschmelzung verschiedener ethnischer Elemente, die ihre Kulturtraditionen ein-
brachten. Ihre Sprache war arabisch, aber Iraner hatten
einen starken Anteil an ihr. Sie wiederum vermittelten
Indisches. Übersetzungen aus dem Mittelpersischen reg-
ten die Entstehung der arabischen künstlerischen Prosa an.
Syrische Christen übersetzten Werke der griechischen
Medizin, Philosophie und Naturwissenschaften ins Arabische. Doch geistiger Austausch zwischen Angehörigen
unterschiedlicher Völker oder Volksgruppen, die auf einem geographischen Raum zusammenleben, vollzieht sich
nicht nur auf der Ebene des Schriftlichen, vor allem dann,
wenn Lesen- und Schreibenkönnen Privileg einer Elite ist.
Berichte und Erzählungen wurden auch mündlich weiter-
gegeben, umgeformt, neu gestaltet. Gesellschaftliche
Kommunikation findet natürlich auch zwischen Angehörigen verschiedener sozialer Schichten statt. Mündliche
Überlieferung kann schriftlich fixiert, schriftlich Tradier-
tes mündlich weitererzählt, auch »zerzählt« werden.

Zwar geben uns die frühesten Spuren von Tausendundeiner Nacht Rätsel auf über den damaligen Inhalt der
Sammlung. Sie lassen jedoch eins mit Sicherheit erkennen: sie erwuchs aus kulturellen und ethnischen Ver-
schmelzungsprozessen. Der daher rührende Charakter
bunter Vielfältigkeit blieb ihr durch die Jahrhunderte
erhalten, welche Form sie auch annahm. Das, was Enno
Littmann den *islamischen Firnis* genannt hat, überzieht, an
manchen Stellen zwar dünn, aber sicher schon lange als
einigende Hülle Erzählstoffe und Motive unterschiedlicher Herkunft und Art.

Den ältesten uns bis heute bekannten Beleg fand eine
amerikanische Arabistin libanesischer Herkunft, NABIA
ABBOTT, unter arabischen Handschriften, die die Universi-
tät Chicago 1947 in Kairo aufkaufte. Es ist ein Fragment,
bestehend aus zwei stark beschädigten Blättern. Frau
Abbott identifizierte sie als Titelblatt und erste Seite eines
Auszugs aus der Sammlung, datiert auf ein islamisches
Datum, das dem Oktober 879 n. Chr. entspricht. Aus verschiedenen Indizien schloß sie, daß die Blätter aus dem
ersten Viertel des 9. Jahrhunderts stammen und somit das
früheste erhaltene Fragment einer arabischen Handschrift
auf Papier und das erste uns bis heute bekannte ara-
bischsprachige Buch aus der islamischen Welt darstellen.
Die literarisierte Form des Rahmens läßt darauf schließen,
daß eine Sammlung mit dem Titel *Alf Laila* »*Tausend
Nächte*« damals schon länger kursiert haben muß. Frau
Abbott unterzog die bis dahin aufgestellten Theorien zur
Geschichte der Sammlung einer kritischen Sichtung und
kam zu folgendem Schluß:

1. Im 8. Jahrhundert gab es im Zweistromland eine
persische Sammlung mit dem persischen Titel *Hezār
Afsāne* »*Tausend Geschichten (Märchen, Legenden)*« in arabischer Übersetzung. Die Übersetzung war vermutlich
vollständig und trug den arabischen Titel *Alf Chorāfa,*
dessen Bedeutung dem persischen entspricht.

2. Ebenfalls im 8. Jahrhundert lief dort eine weitere Version dieser persischen Sammlung um, die bereits arabisiert, islamisiert, also verändert war. Sie hatte den Titel *Alf Laila* »*Tausend Nächte*«.

3. Im 9. Jahrhundert existierte im Irak eine Sammlung namens *Alf Laila,* die Geschichten persischer und arabischer Herkunft enthielt, darunter sicher einen größeren Teil aus *Hezār Afsāne.* Doch mag sie auch aus anderen damals bekannten Unterhaltungswerken geschöpft haben, etwa dem *Sindbadbuch* und dem *Buch von Schimās,* beide indischer Herkunft. Das erste ist die Vorform des Erzählzyklus, der später unter dem Titel *Die Geschichten von der Tücke der Weiber* in die ägyptische Rezension von Tausendundeiner Nacht einging. Eine späte Form des Buchs von Schimās findet sich dort als *Die Geschichte des Königs Dschali'ād und seines Sohnes Wird Chān.*

4. Im 10. Jahrhundert war im Irak eine Sammlung von Geschichten arabischer, persischer und byzantinischer Herkunft mit dem Titel *Alf Samar* »*Tausend Nachtgeschichten*« bekannt. Ihr Autor, IBN 'ABDŪS, schöpfte aus uns heute unbekannten schriftlichen und mündlichen Quellen. Erhalten geblieben ist von ihm nur ein *Buch der Wesire.*

Frau Abbotts Vermutungen über die weitere Geschichte der Sammlung lassen sich heute so korrigieren.

5. Im 12. Jahrhundert gab es in Ägypten eine Sammlung von Erzählungen, die aus mehreren orientalischen Ländern stammten, ein größerer Teil sicher aus Ägypten selbst. Die *Nachtgeschichten* des Ibn 'Abdūs mögen dafür ebenso als Quelle gedient haben wie andere schriftlich aufgezeichnete Literatur der Zeit. Daß diese Sammlung bereits den Titel *Alf Laila wa-Laila* »*Tausendundeine Nacht*« trug, wissen wir aus einem Fund in der Kairoer Geniza, einem Depot ausrangierter Schriftstücke der dortigen jüdischen Gemeinde, das man in den fünfziger Jahren entdeckte. Im Notizbuch eines jüdischen Arztes und Handschriftenhändlers mit Eintragungen aus der Zeit zwischen 1155 und 1162 steht der Vermerk, er habe eine

Alf-Laila-wa-Laila-Handschrift an einen namentlich genannten Bekannten verliehen.

6. *Tausendundeins* bezeichnete wie vorher *Tausend* zunächst sicher nur eine unvorstellbar große Zahl. Erst relativ spät nahm man sie wörtlich und füllte die Sammlung aus dem großen Schatz an mündlich und schriftlich überlieferten Erzählungen unterschiedlicher Art auf. Das geschah bis ins 19. Jahrhundert, gefördert sicher durch das Interesse an der Sammlung, das man vor allem bei den Franzosen und Engländern beobachtete, zu denen sich seit Beginn des 19. Jahrhunderts die Kontakte vertieften.

Welche unterschiedlichen Formen aber nahm die Sammlung durch die Jahrhunderte an? Kunde hat man hier nur vom Rahmen. Frau Abbott hat auf dem Handschriftenfragment einen Text entziffert, teilweise auch rekonstruiert, den man auf Deutsch so wiedergeben kann:

Als die nächste Nacht kam, sagte Dinazād: ›O meine Wonne(?), wenn du nicht schläfst, so erzähle mir die Geschichte, die du mir vergangene Nacht versprochen hast, und bring (Beispiele) für Vorzüge und Mängel, Verschlagenheit und Unwissenheit, Großmut und Geiz, Mut und Feigheit, die der Mensch in sich trägt aus angeborenem Instinkt oder weil er sie sich angeeignet hat, die zu seinen typischen Kennzeichen gehören oder zu höfischen Manieren, syrische oder beduinische‹.

Die Lesung der letzten Zeilen ist allerdings umstritten. Der Name der Erzählerin muß auf herausgerissenen Teilen des Blattes gestanden haben. Anthologien, die Anekdoten und novellenähnliche Erzählungen, oft Erinnerungsberichte, über treffliche und tadelnswerte Eigenschaften miteinander kontrastierten, waren vom 9. Jahrhundert an im Arabischen beliebt.

Der Polyhistor el-MASʿŪDI, in Bagdad geboren, weit gereist, 956 bei Kairo gestorben, nennt die Sammlung Hezār Afsāne in seiner schöngeistigen Enzyklopädie mit dem Ziertitel *Goldwäschen und Edelsteinminen*. Er vergleicht sie den *ausgeschmückten/erfundenen Berichten derer, die die Nähe der Könige suchen*, und sagt, sie würde von den Leuten Alf Laila genannt:

> *Und es ist die Geschichte des Königs, des Wesirs, seiner Tochter und ihrer Sklavin* (in einigen Handschriften ›Amme‹), *und das sind Schirazād und Dinazād.*

Während Mas'ūdi vom Rahmen so spricht, als könne er ihn als bekannt voraussetzen, gibt der Bibliograph IBN EN-NADĪM in seinem Bagdader Bücherverzeichnis aus dem Jahr 987 Details. Er skizziert die Rahmenerzählung so:

> *Der Grund für ihre Entstehung war, daß einer ihrer Könige, wenn er eine Frau heiratete und eine Nacht mit ihr verbracht hatte, sie am Morgen tötete. Dann (aber) heiratete er ein Mädchen aus königlicher Familie, eine von jenen, die Verstand und Wissen besitzen, Schehrezād genannt. Als sie bei ihm war, begann sie ihn mit (erfundenen) Geschichten zu unterhalten. Und wenn die Nacht zu Ende war, führte sie die Geschichte so weit, daß sie den König dazu brachte, sie am Leben zu lassen und in der nächsten Nacht darum zu bitten, die Geschichte fortzusetzen, bis er tausend Nächte mit ihr verbracht hatte. Und in der ganzen Zeit schlief er mit ihr, so daß sie ein Kind von ihm bekam, das sie ihm zeigte. Und sie enthüllte ihm die List, die sie gegen ihn angewandt hatte. Da wußte er ihre Klugheit zu schätzen, neigte sich ihr zu und ließ sie leben. Und der König hatte eine Hofmeisterin namens Dinarzād. Die half ihr dabei.*

Den Grund für die königlichen Frauenmorde nennt Ibn en-Nadīm nicht, wie auch hier der Rahmen vom heute bekannten abweicht. Wir erfahren aber, daß Schirazād und die Sklavin/Amme oder Haushofmeisterin Dina(r)-zād zu ihm ebenso gehörten wie der König.

Die Namen sind persisch. Schirazād, eigentlich Tschihrazād, heißt *von edler Abkunft*, Dinazād *von edler Religion*. Der hier nicht genannte Name des Königs, Schehrijār, geht auf ein altpersisches Wort mit der Bedeutung *Träger der Herrschaft* zurück und steht heute in Wörterbüchern des Neupersischen als *Monarch, König* schlechthin.

Daß die Araber diese persischen Namen über die Jahrhunderte, wenn auch mit Varianten, beibehielten, läßt vermuten, daß der Rahmen im Iran schon länger, wahrscheinlich seit dem 4./5. Jahrhundert, bekannt war. Diese Form der Rahmenerzählung, das Ineinanderverschachteln von Geschichten, ist aber ebenso typisch indisch wie das Motiv, durch Geschichtenerzählen Zeit zu gewinnen, etwas hinauszuschieben oder gar ganz zu unterbinden. Das Prinzip wiederum kam der Vorstellung von der Macht des Wortes und brillant formulierter Sprache entgegen, die die arabische Literatur durchzieht. Mit einem Bonmot, so berichten viele Anekdoten der an dieser Gattung reichen arabischen *Adab-Literatur,* die in unterhaltsamer Form belehren wollte, ließen sich zornige Kalifen besänftigen. Einen klingenden Vers belohnten sie mit kostbaren Ehrenkleidern und hohen Summen.

Den König, den die Untreue seiner Frau zu Tode bekümmert, kennt bereits das buddhistische *Tripitaka,* dessen Übersetzung ins Chinesische im Jahr 251 belegt ist. In einem buddhistischen *Jātaka* steht die Geschichte von der Schönen, die von einem eifersüchtigen Dämon gefangen gehalten wird und es trotzdem fertig bringt, ihn zu betrügen. Indische Literatur wurde schon ins Mittelpersische übertragen. Doch eine indische Vorlage der Hezār Afsāne ist uns ebensowenig bekannt wie der Inhalt dieser persischen Sammlung. Ibn en-Nadīm sagt lediglich, die Sammlung enthalte tausend Nächte, aber nicht ganz zweihundert Nachterzählungen, weil manchmal eine Erzählung über mehrere Nächte gehe. Er betont noch: *Ich habe sie mehrfach vollständig gesehen.* So ist anzunehmen, daß sie damals weit verbreitet war und auch in »Teilausgaben« zirkulierte.

Aus einer Geschichte Ägyptens, die zwischen 1160 und 1172 verfaßt wurde, wird bei zwei späteren Autoren, dem Ägypter MAKRĪZI (1364–1442) und dem Nordafrikaner MAKKARI (1591–1632), ein Zitat überliefert, aus dem man schließen könnte, daß Alf Laila wa-Laila im 12. Jahrhundert (auch?) bekannt war für volkstümliche Geschichten von leidenschaftlicher Liebe. Von einem architektonisch auffälligen Schloß auf einer Nilinsel ist die Rede, das die

Form einer Kamelsänfte hatte, und den Geschichten, die das Volk um diesen Bau spann: die unglückliche Liebe des Fatimidenkalifen el-Āmir bi-Ahkām Allāh (1101–1129) zu einer Beduinin, die aber nicht ihn, sondern ihren Vetter liebte. Da heißt es, bevor die Geschichte in einer Kurzfassung geboten wird:

> *Die Leute haben über die Beduinin . . . soviel erzählt, daß ihre Geschichten darüber denen im* (Volksroman) *el-Battāl, in Alf Laila wa-Laila und ähnlichem gleichen.*

Hier erscheint also auch der Titel *Tausendundeine Nacht* statt der ursprünglichen Tausend Nächte. Wie es zu dieser Änderung kam, läßt sich wiederum nur vermuten. Aus dem 13. Jahrhundert sind uns auch die Titel *Alf Ghulām wa-Ghulām* »Tausendundein Jüngling« und *Alf Dschārija wa-Dschārija* »Tausendundeine Sklavin« bekannt. Die Wiederholung wirkt wie schöner Klingklang. Im gleichen Jahrhundert verwendet Nāsir ed-Dīn Tūsi, ein berühmter Gelehrter der Schia, 1001 als große Zahl. Littmann hat auch auf das alliterierende türkische binbir für 1001 als mögliches Vorbild verwiesen.

Anklänge an die Rahmenerzählung von Tausendundeiner Nacht finden sich bereits im Italien der Frührenaissance, in einer Novelle des GIOVANNI SERCAMBI (1347–1424) und zwei Jahrhunderte später im 28. Gesang von ARIOSTS »Orlando Furioso«. Das Motiv der in eine Truhe gesperrten Schönen erscheint schon im Gedicht *Das weip in der kiste* des deutschen Minnedichters HEINRICH VON MEISSEN im 13. Jahrhundert.

Die früheste uns erhaltene Alf-Laila-wa-Laila-Handschrift, eben die, auf die Galland um 1700 durch einen glücklichen Zufall stieß, stammt aus der Mitte des 15. Jahrhunderts. Das ist aus der Nennung einiger Kairoer Bauwerke im *Buckligen-Zyklus* ebenso zu schließen wie daraus, daß hier der Golddinar als Aschrafi bezeichnet wird. Dieser wurde am 27.12. 1425 per Dekret eingeführt und setzte sich nach 1430 bis zum Ende des Jahrhunderts durch. Doch besagt das nichts über das Alter der in ihr enthaltenen Geschichten. Auch die Bauwerke und besonders die Münze im *Buckligen-Zyklus* könnten austauschbar sein.

Die Handschrift umfaßt folgende Geschichten:

1. Der Kaufmann und der Dämon, aber ohne die Geschichte vom dritten Scheich (Nächte 1–7);
2. Der Fischer und der Dämon (Nächte 8–27);
3. Der Lastträger und die drei Damen (Nächte 28–69);
4. Die drei Äpfel (Nächte 69–101);
5. Der Bucklige (Nächte 102–170);
6. 'Alī ibn Bakkār und Schams en-Nahār (Nächte 171–200);
7. Nūr ed-Dīn 'Alī und Enīs el-Dschelīs (Nächte 201–229);
8. Dschullanār, die Meermaid (Nächte 230–271);
9. Kamar ez-Zamān (Nächte 272–282).

Die Handschrift bricht nach der 282. Nacht ab. Der französische Orientalist ZOTENBERG, der sich eingehend mit der Handschriftengeschichte von Tausendundeiner Nacht befaßte, stellte um 1880 fest, daß der zweite Teil der 281. und die 282. Nacht, die von einem anderen Schreiber stammen, wahrscheinlich erst im 17. oder 18. Jahrhundert hinzugefügt wurden. Die Namen der Rahmenerzählung unterscheiden sich etwas von den uns heute geläufigen. Den Arabern, die die Geschichten weitererzählten, klangen diese persischen Namen wohl zu fremd.

Diese Textrezension gab es vermutlich bereits im 14. Jahrhundert, denn auch andere, später gefundene, Handschriften, die heute in verschiedenen europäischen Bibliotheken aufbewahrt werden, haben denselben Geschichtenbestand, dieselben Nachteinteilungen und brechen ebenfalls in oder nach der 281. Nacht ab. Vollständigere Handschriften dieser Rezension fahren nach der 281. Nacht mit unterschiedlichen Geschichten fort. So muß es also – seit wann, wissen wir freilich nicht – einen Grundstock der Sammlung gegeben haben, der unterschiedlich ergänzt werden konnte.

Eine Tagebuchnotiz von ULRICH JASPAR SEETZEN, dem Begründer der großen Sammlung orientalischer Handschriften in der Gothaer Schloßbibliothek, bestätigt das. Seetzen lebte von 1807 bis 1809 in Kairo und vermerkte 1807:

> *Mr. Asselin* (ein französischer Dragoman, W. W.) *hat die Entdeckung gemacht, daß die arabischen Erzählungen von 1001 Nacht nicht alle von dem Verfasser gemacht, sondern daß derselbe nur etwa 200 Nächte selbst schrieb; die übrigen aber bestehen aus einer Sammlung von vorhin bekannten einzelnen Erzählungen, die er miteinander verband. Derjenige, der dieses Werk so zu Stande brachte, war ein hiesiger Schech Namens . . ., der vor etwa 26 Jahren starb, und den noch viele jetzt lebende Scheche gekannt haben.*

Der Name des Scheichs fehlt, doch wird deutlich, daß er damals in Kairo noch ebenso bekannt war wie die Art, in der er um 1770 seine Rezension zusammenstellte.

Tatsächlich kann man auch für die ersten Geschichten unterschiedliche Quellen, Entstehungszeiten und -gegenden annehmen. So findet sich die *Geschichte des Küchenverwalters* aus der *Geschichte vom Buckligen* schon, wenn auch weniger sensationell aufgeputzt, in der *Ende-gut-alles-gut*-Sammlung des Bagdader Richters ET-TANŪCHI aus dem 10. Jahrhundert. Doch wird sie hier einem Seidenhändler zugeschrieben. Die *Geschichte der sechs Brüder des Barbiers*, ebenfalls aus dem *Buckligen-Zyklus* steht als *Geschichte der sechs Leute* in einer arabischen Handschrift aus dem 13./ 14. Jahrhundert, von der nur der erste Band, wenn auch ohne Titelblatt, gefunden wurde. Sie enthält zwar nicht den bekannten Tausendundeine-Nacht-Rahmen, wohl aber, leicht variiert, die Geschichten von *Dschullanār, der Meermaid,* von *Abu Mohammed, dem Faulpelz,* und von *Budūr und 'Umair ibn Dschubair* (so!), die sich in Tausendundeine-Nacht-Rezensionen finden. Wo diese Handschrift entstand, wissen wir nicht. Aber die 42 Geschichten, die das Inhaltsverzeichnis aufführt, beweisen, welchen Reichtum an Märchen, Abenteuergeschichten, Liebes- und Schwanknovellen es gegeben haben muß – Tierfabeln und Anekdoten wurden hier nicht aufgenommen –, und daß sie unterschiedlich zu Anthologien zusammengefaßt werden konnten.

II

»Eure Bücher, auf die ihr so versessen seid«

Unterhaltsame Literatur und ihre Wertung.
Eliteliteratur – Subliteratur.

Daß es schon im 10. Jahrhundert in Bagdad eine vielseitige
unterhaltende Literatur gab, zeigt das 8. Kapitel im
Bücherverzeichnis des IBN EN-NADĪM. Sichtlich als wichtig-
stes Werk stellt er an den Beginn des ersten Abschnitts
über *Nachtgeschichten und fiktive Erzählungen* die Sammlung *Hezār Afsāne*. Anschließend zählt er eine Fülle von
heute meist verlorengegangenen Titeln auf, ordnet sie
zum Teil nach ihrer indischen, persischen, byzantinischen
Herkunft. So nennt er die Fabelsammlung *Kalīla wa-
Dimna* des Inders BIDPAI, ein großes und ein kleines *Sindbadbuch*, nennt eine persische Sammlung *Hezār Dastān*,
ebenfalls *Tausend Geschichten*, Bücher über persische,
griechische, babylonische Könige, über arabische Liebes-
paare aus vor- und frühislamischer Zeit, Liebesgeschichten zwischen Geistern und Menschen, Bücher über die
Wunder des Meeres, des Festlands und der Bäume, über
König Salomo, den Herrn der Geister, über Zauberer und
Gaukler. Er gibt einen kleinen Exkurs über Magie und
bezeichnet mit deutlicher Mißbilligung Ägypten als das
Babel der Zauberer. Bücher über Helden, über Schelmen
und Schalksnarren führt er auf, über Regierungs- und
Kriegskunst, Pferde- und Falkenzucht, Fürstenspiegel,
Traumgeschichten. Er schickt einen kurzen Überblick
über die Geschichte dieser Literatur voran und sagt, die
ersten, die Bücher mit fiktiven Geschichten verfaßt und
sie in Magazinen aufbewahrt hätten, seien die alten Perser
gewesen, nach ihnen die (persischen) Arsakiden- und Sas-
sanidenkönige. Die Araber hätten sie in ihre Sprache übersetzt, die Sprachgewandten dann an ihnen herumgefeilt

und Ähnliches verfaßt. Die Namen zweier höfischer Sekretäre fallen, einer Sekretär der Zubaida, der Gemahlin Harūn er-Raschīds, die solche Geschichten »gemacht« hätten. Beide waren vermutlich persischer Herkunft.

Der Wesir el-Hasan ibn Sahl aus der Wesirsfamilie der Barmekiden, auch sie persischen Ursprungs, die in der frühen Abbasidenzeit sehr einflußreich war, hielt kunstvolles Geschichtenerzählen für die Haupttugend des *Adab,* der Bildung wie der Fähigkeiten, die Voraussetzung für eine höfische Karriere waren. Auch MAS'ŪDI zählt, wie wir sahen, Hezār Afsāne zum höfischen Erzählgut, und Ibn en-Nadīm erklärt am Ende seines 8. Kapitels:

> *Nachtgeschichten und fiktive Erzählungen waren beliebt und begehrt in den Tagen der* (frühen) *Abbasidenkalifen, besonders zur Zeit el-Muktadirs* (908–32). *Und die Buchhändler/Handschriftenkopisten verfaßten und erlogen* (Geschichten).

Mas'ūdi berichtet auch von einem Straßenerzähler, der Witze oder Schwänke über bestimmte regionale und soziale Volksgruppen zum besten gab, wegen seines Talents zum Kalifen el-Mu'tadid (892–902) zitiert wurde und diesen höchlichst vergnügte. Daß es vom 8. Jahrhundert an Straßenunterhalter gab, die Erbauungswilligen phantastische Berichte vorsetzten, denen sie durch (erfundene) Gewährsmännerketten Glaubwürdigkeit zu geben suchten, ist in der arabischen Literatur ebenfalls bezeugt.

IBN 'ABDŪS, von dessen *Tausend Nachtgeschichten* oben die Rede war, bestellte »Nachterzähler« zu sich – eine Vorform heutiger TV-Unterhaltung – und wählte aus ihrem Repertoire ebenso wie aus Büchern, was ihm das Beste dünkte. Das heißt aber auch, daß für ihn orales und literales Erzählgut gleichwertig war.

Ibn en-Nadīm gibt eine weitere historische Einordnung: der erste, der sich Geschichten zur Nacht erzählen ließ, sei Alexander der Große gewesen. Doch habe er das nicht um des Vergnügens willen getan, sondern um nachts wach und aufmerksam zu bleiben, zu einem ernsten Zweck also. Unterhaltung um ihrer selbst willen war dem Gelehrten Ibn en-Nadīm ebenso suspekt, wie es fiktive Geschichten waren. So straft er auch die Sammlung *Hezār Afsāne* mit Verachtung: *Es ist in der Tat ein anödendes Buch voll fader Geschichten.*

Sein Urteil steht nicht allein. Der Literaturhistoriker sūli (gest. 946), Prinzenerzieher am Abbasidenhof, berichtet im Jahr 932, er erinnere sich, daß in eine seiner Unterrichtsstunden Diener der Prinzen-Großmutter esch-Schaghab drangen. Sie packten die Bücher, die vor dem jungen Prinzen Mohammed – mit dem späteren Thronnamen er-Rādi – lagen, in ein Tuch aus Brokat und verschwanden so wortlos, wie sie gekommen waren. Er habe den über diese Zensur empörten Prinzen beruhigt: Es sei sicher bekannt geworden, daß der Prinz sich vieles ansehe, was er nicht ansehen solle, so wolle man es überprüfen. *Da freut es mich, daß sie sehen, daß alles gut und schön ist.* Als die Diener Stunden später die Bücher zurückbrachten, habe der Prinz zu ihnen gesagt:

Sagt der Person, die euch diesen Auftrag gegeben hat, ihr habt diese Bücher gesehen. Es sind Bücher über Traditionsliteratur, religiöses Recht, Dichtung, Sprache, historische Berichte und Bücher der Gelehrten, Bücher der Art, durch die Allah demjenigen, der sie sich ansieht, Vollkommenheit gibt und Nutzen. Nichts von euern Büchern, auf die ihr so versessen seid, wie ›Die Wunder des Meeres‹, ›Die Geschichte von Sindbad‹ und ›Die Katze und die Maus‹.

Hier wird deutlich, was die gebildete Elite oder mehr noch der Gelehrtenstand für gute Literatur hielt und warum, und welche als Trivialliteratur der Zeit galt. Zu dieser zählten damals schon Geschichten, die später zu Tausendundeiner Nacht gehörten.

Literatur hatte also zu bilden, zu belehren. Die Adab-Literatur, die man noch am ehesten mit unserer Belletristik vergleichen könnte, bot dem Höfling das für sein Avancement nötige Wissen in unterhaltsamer Form und sprachlicher Brillanz. Vollendete Sprachbeherrschung hatte im arabischen Bildungsideal einen hohen Stellenwert. So genoß Poesie, durch Rhythmus und Reim gebundene Sprache, großes Ansehen. Sie genießt es bis heute.

Auch in der *Adab-Literatur* gibt es Geschichten, die wir heute nur als – oft exzellent gestaltete – Fiktion begreifen können. Doch wurde ihr der Anschein des Authentischen verliehen, indem man die Namen von Gewährsmännern voranstellte, die dies einer vom anderen gehört haben wollten oder sollten. Der an der Spitze der Kette Stehende hatte als unmittelbar Erlebender zu berichten. Real Geschehenes war gefragt, und wenn die Phantasie diese Grenzen überschritt, wurde Fabuliertes bruchlos mit Realem verquickt und als solches ausgegeben.

Zur Adab-Literatur gehört eine Gattung, die mit Geschichten aus Tausendundeiner Nacht das Happy-End gemeinsam hat: die *el-Faradsch-ba'd-esch-Schidda*-Literatur, wörtlich *»Freud nach Leid«*, freier: *»Ende gut, alles gut«*. Werke dieses Titels gab es vom 9. Jahrhundert an. In thematisch geordneten Anekdoten oder Novellen, oft Erinnerungsberichten, wird erzählt, wie jemand aus (politischer) Haft, Schuldenpein, Todesandrohung, Krankheit, Liebeskummer plötzlich und kaum noch erwartet erlöst wird. Trostbücher waren das also in Zeiten feudaler Willkür, dem menschlichen »Prinzip Hoffnung« entspringend und ihm Nahrung gebend. Schöpfer wie Adressaten der Geschichten, das wird aus den Handlungsträgern deutlich, waren Vertreter der höfisch-städtischen Aristokratie. Rettung erfolgt hier aber nie durch Geister oder Talismane, sondern etwa durch ein Gebet, durch (von Gott geschickte) Menschen, Ereignisse, Träume, auch durch eigene Kraft, List, Mut und/oder gut gewählte Worte. Für die Nähe zu Tausendundeiner Nacht spricht, daß mehrere Erzählungen aus der ägyptischen Rezension wohl direkt aus dem *Ende-gut-alles-gut*-Buch des Bagdader Richters et-TANŪCHI aus dem 10. Jahrhundert stammen, der selbst ein Lied von den Wechselfällen des Schicksals in feudalstaatlicher Zeit singen konnte. Doch wurden diese Geschichten dem Grundtenor der Sammlung angepaßt. Die Zaubermärchen in der oben (S.19) genannten Sammlung tragen den Untertitel *Faradsch ba'd Schidda*.

Geschichten, die zunächst offenbar an Königshöfen erzählt wurden, an persischen und griechischen, dann auch an arabischen, wurden im Lauf der Jahrhunderte zu Volksliteratur, zur Literatur für Illiterate. Dieses soziale Absinken läßt sich auch an den bevorzugten Heldengestalten ablesen. In den späteren – ägyptischen – Märchen aus Tausendundeiner Nacht dominieren Helden aus dem Volk wie der Fischermann Chalīfa, Ma'rūf der Schuhflikker, der Färber Abu Kīr und der Barbier Abu Sīr. Daß die Erzähler den Anspruch der »hohen« Literatur – bilden oder doch mahnen zu wollen – übernahmen, wird aus den unterschiedlich formulierten Anfängen der Sammlung deutlich, etwa:

> *Nun siehe, das Leben der Alten ward zur Richtschnur für die Späteren, auf daß der Mensch die Geschicke sehe, die anderen zuteil geworden sind, und sie sich zur Warnung werden lasse . . .* (Li I, 19).

M (siehe Bibliographie) verspricht sogar *Geschichten, reich an höfischer Bildung, und vorzügliche Redefiguren für Leute von Rang* (M 56). Die sich formelhaft durch die Sammlung ziehende Wendung *Würde es mit Sticheln in die Augenwinkel geschrieben, so wäre es eine Warnung für die, so sich warnen lassen* zeugt ebenfalls von diesem Anspruch.

Wie elitäre Literaturprätentionen in der Volksliteratur weitertradiert wurden, ist der *Geschichte vom König Mohammed ibn Sabā'ik und dem Kaufmann Hasan* zu entnehmen, der Rahmenerzählung zum Märchen *von Saif el-Mulūk*. Hier sagt ein alter Scheich zu einem Mamluken, der bei ihm in diesem Märchen die *einzigartige Geschichte* gefunden hat, nach der er für seinen Herrn, den Kaufmann Hasan, auf der Suche ist:

> *Wisse, mein Sohn, die erste Bedingung ist die, daß du diese Geschichte nicht auf öffentlicher Straße erzählst; und weiter nicht vor (freien) Frauen und Sklavinnen, noch vor dummen Menschen,*

noch auch vor Kindern; vielmehr sollst du sie nur Königen und Emi-
ren, Wesiren und Männern der Wissenschaft, Schriftgelehrten und
ähnlichen Leuten vorlesen! (Li V, 224 f.)

In der persischen Urform dieser Rahmenerzählung, einer
Anekdote, ist der König der Ghaznavidenfürst Mahmūd
ibn Sabuktegin (998–1030), der bekannt war als Förderer
von Dichtung und Architektur. Um die schönste
Geschichte für den Sultan rivalisieren hier sein Hofdichter
Unsuri und der Wesir Hasan Maimundi. Die Geschichte,
die der Wesir aufspürt, mit 5000 Dinar dotiert, und für die
ihn der Sultan mit Ehrengewand, Reichtümern und einer
Statthalterschaft belohnt, ist die *vom Garten Iram.* In der
Anekdote heißt es aber nur: *Alle Gelehrten und Gebildeten,*
die zugegen waren, lasen und lobten sie. Der arabische Erzähler hat dem persischen Elitebegriff arabische Vorstellungen zugefügt. Er sagt, daß der Mamluk die Geschichte aus
dem Buch des *ehrwürdigen Scheichs* abschreibt, sie ihm
dann vorträgt und dabei korrigiert. Es war also eine
Geschichte, die schriftlich fixiert wurde und sprachlich
korrekt, das heißt in Hocharabisch, abgefaßt sein mußte.
König Mohammed ibn Sabā'ik – dazu wurde Mahmūd
ibn Sabuktegin im Arabischen – verspricht dem Kaufmann Hasan, zu dem der Wesir der persischen Anekdote
bezeichnenderweise in Tausendundeiner Nacht geworden ist, wenn er ihm *eine schöne Geschichte* vortrage,

> *. . . eine so seltsame, wie ich sie noch nie gehört habe, so will ich dir*
> *viele Ländereien geben samt ihren Burgen . . ., auch will ich mein*
> *ganzes Reich in deine Hand geben und dich zum obersten meiner*
> *Wesire machen . . . Wenn du mir aber nicht bringst, was ich dir*
> *befohlen habe, so will ich dir alles nehmen, was in deiner Hand ist,*
> *und dich aus meinem Land vertreiben* (Li V, 219 f.).

Ein wahrhaft fürstlicher Lohn für eine einzige Geschichte
und Androhung totalen Gunstverlusts bei erfolgloser
Suche, indirekt natürlich auch eine geschickte Werbung
für die Geschichte und ihren Erzähler.

Das für die »hohe« Literatur unerläßliche korrekte
Hocharabisch weisen die Geschichten aus Tausendundei-

ner Nacht in den Handschriften, die vorliegen, nicht auf. Die Handschriften – Gedächtnisstützen der Erzähler – überliefern die Texte in Mittelarabisch, das heißt in der gesprochenen Sprache der Zeit. Nur die Hochsprache aber gilt der gebildeten Elite als richtiges Arabisch, richtet sie sich doch grammatisch nach dem normierenden Vorbild des Korans. Die Umgangssprache ist für alle sozialen Schichten die Muttersprache, aber Literatur in ihr wirkte auf Gebildete jahrhundertelang zumeist vulgär.

Zwar wurden die mittelarabischen Handschriftentexte von Tausendundeiner Nacht – wie die »hohe« Literatur – mit (hocharabischen) Versen, auch mit Reimprosapassagen, oft zu festen Topoi, verziert, doch dominieren Lautbestand, Wortgut, Formen- und Satzbildung der Umgangssprache. Die Drucke wurden von ihren Herausgebern dem Hocharabischen in unterschiedlichem Maß angeglichen.

III

Europäer auf der Suche nach Tausendundeiner Nacht

Gallands *Les Mille et Une Nuit*. Gründe für ihren Erfolg. Später gefundene Handschriften: die Hammersche. Habichts *»tunesische Rezension«*. Die Einteilung in Rezensionen. Die Drucke. Weitere Rezeption in Europa.

Auch Märchenüberlieferer in Europa haben vom 17. Jahrhundert an ihre Stoffe auf ihre Zielgruppen hin geformt. Ein wenig biedermeierlich-bieder bis treuherzig verspielt wirkt etwa das *Dornröschen* in der Fassung der Brüder GRIMM. Der Franzose CH. PERRAULT hat demselben Stoff in seinen *Contes de ma mère l'Oye* (1697) etwas von der Pikanterie französischer Salongespräche der Zeit, ihrer ironischen Distanziertheit verliehen.

Als GALLAND 1701 auf eine Handschrift der *Geschichte von Sindbad dem Seefahrer* stieß, hatte das französische aristokratische und bürgerliche Lesepublikum gerade Gefallen gefunden an dieser Märchensammlung Perraults, hatte seine Freude an den *Contes de fées* (1697/8) der COMTESSE D'AULNOY. Daß man sich auch an europäischen Fürstenhöfen gern durch Märchen unterhalten ließ, ist bis ins frühe 12. Jahrhundert zurückzuverfolgen. Kirchliche Chronikschreiber jedoch bezeichneten sie bald als »Altweibergeschwätz«, als »Lügenmärchen« – das arabische Wort choráfa, früher »erfundene Geschichte«, hat über »unglaubwürdige Geschichte« eine ähnliche Konnotation erhalten. Mit der Entwicklung der städtischen Kultur und dem Bildungsprivileg der Oberschichten wurden Märchen zum Erzählgut zumeist der ärmeren ländlichen Bevölkerung. Der Inhalt vieler europäischer Volksmärchen läßt das spüren. Die wesentlich kunstvolleren Märchen, die jetzt Perrault, Madame d'Aulnoy und nach ihnen andere präsentierten, öffneten begeisterten Lesern der

Frühaufklärung Freiräume der Phantasie. Schon vorher hatten Abenteuer- und Reiseromane einen geheimnisvollen Orient gemalt.

Noch etwas kam hinzu: jahrhundertelang, bis zur Niederlage der Türken vor Wien 1683, war der Islam dem christlichen Europa als existentielle Bedrohung erschienen. In dem Maße, wie Vertreter der Aufklärung das Christentum unter rationalistischen Gesichtspunkten kritischer betrachteten, wuchs die Aufgeschlossenheit für andere Religionen. In wissenschaftlichen Publikationen bemühte man sich um eine objektive Darstellung des Islams.

So konnte also Galland in mehrfacher Hinsicht auf das Interesse des französischen Lesepublikums rechnen. Nachdem er die Sindbad-Übersetzung abgeschlossen hatte, hörte er, daß die Geschichte Teil einer größeren Sammlung sei. Er schrieb nach Syrien und erhielt durch einen glücklichen Zufall mehrere Bände einer Handschrift, die die älteste uns bis heute bekannte ist und auch den besten Text aufweist. Mit ihrem Inhalt (s. o. S. 18) füllte er die ersten 7 Bände seiner Übersetzung und stellte die *Sindbadgeschichte,* da sie hier nicht enthalten war, an den Anfang des dritten Bandes. Ebenso ergänzte er den Schluß des Märchenromans *von Kamar ez-Zamān* nach einer bis heute nicht gefundenen Handschrift. Aus Briefen Gallands mit differierenden Angaben über die Bandzahl seiner Handschrift und aus dem Vergleich seiner Übersetzung mit der genannten Handschrift, die Notizen von seiner Hand trägt, schloß man später, daß er noch eine andere Handschrift mitbenutzt habe.

Die ersten 7 Bände seiner *Les Mille et Une Nuit* jedenfalls erschienen 1704–06 und wurden ein Riesenerfolg. Galland aber hatte die Geschichte satt. Doch der Verleger, verlockt vom Geschäft, griff eigenmächtig ein und veröffentlichte 1709 ohne Gallands Wissen einen 8. Band. Er enthielt die *Geschichte von Ghānim, dem verstörten Sklaven der Liebe,* die Galland nach einer ebenfalls bis heute unbekannten Handschrift übersetzt hatte, und die Geschichten *von Zain el-Asnām* und *Chudadād und seinen Brüdern*. Die beiden letzteren hatte der Orientalist PÉTIT DE LA CROIX aus dem Türkischen übersetzt, aber auch diese Vorlage ist verlorengegangen. Dem Verlagshaus Claude Barbin in Paris, das Les Mille et Une Nuit herausbrachte, lagen diese drei Geschichten offenbar damals in der Übersetzung vor. Doch informierte es weder Galland noch de la Croix.

Galland war verärgert, aber er gab dem Drängen der Verlegerin, auch interessierter Freunde, nach. Wieder war ihm das Glück hold. Bei dem Orientreisenden Paul Lucas, den er aufsuchte, damit er ihm hier weiterhelfe, traf er eine lebende Geschichtenquelle, HANNA DIAB, einen maronitischen Christen aus Aleppo. Zwischen dem 25. März und dem 2. Juni 1709 hörte er von Hanna zahlreiche Geschichten auf Arabisch, sichtlich aus unterschiedlichen Quellen. Nur Gallands sehr knappe Inhaltsangaben sind uns erhalten. Jedoch ist Gallands Tagebuch zu entnehmen, daß ihm Hanna auch einiges schriftlich lieferte. Mit diesen Geschichten füllte Galland die letzten vier Bände seiner Ausgabe.

Band 9 (1712) enthält die *Geschichte vom erwachten Schläfer*, die man auch in später entdeckten Tausendundeine-Nacht-Handschriften fand. Außerdem steht in ihm der erste Teil der Geschichte von *'Alā' ed-Dīn und der Wunderlampe*. Band 10, ebenfalls 1712, enthält deren zweiten Teil, ferner *Das nächtliche Abenteuer des Kalifen* mit den in sie geschobenen Geschichten *vom blinden Baba 'Abdullah, von Sīdi Nu'mān* und *von Chawādscha Hasan el-Habbāl*. Band 11 und 12 waren bereits 1712/13 abgeschlossen, erschienen aber erst 1717, also postum. Band 11 umfaßt den Rest der *Geschichte von Hasan el-Habbāl*, die *von Ali Baba und den vierzig Räubern, von 'Alī Chawādscha und dem Kaufmanne von Bagdad* und die *Geschichte vom Ebenholzpferd*. Die letztere fand sich später in einigen Tausendundeine-Nacht-Handschriften. Band 12 enthält die Geschichte *vom Prinzen Ahmed und der Fee Perī Banū* und die *von den beiden Schwestern, die ihre Schwester beneideten*. Galland vermerkte von beiden, er habe sie von Hanna gehört. Man hat jedoch bis heute keinen arabischen Text für sie entdeckt.

In Gallands Notizen finden sich noch Resümees sechs weiterer Geschichten, darunter solcher aus der ägyptischen Rezension wie *Kamar ed-Dīn und Badr el-Budūr* und *Die Geschichte von der Messingstadt*. Seiner »Rezension« hat er sie jedoch nicht hinzugefügt. Nach anfänglichem Interesse an diesen Erzählungen sah er seine Übersetzungen später mehr als Nebenbeschäftigung an, verlor auch immer wieder die Lust daran. Er hatte, aus bescheidenen Verhältnissen stammend, erst 1709 eine Professur für Arabisch am Collège de France bekommen, war also von da an in einer materiell gesicherten Position und betrachtete seine wissenschaftliche Arbeit als vordringlich. Seine Koran-Übersetzung, die er für seine eigentliche Aufgabe hielt, ist nie publiziert worden. Seine Les Mille et Une Nuit dagegen wurden innerhalb kürzester Zeit vielfach nachgedruckt und in andere europäische Sprachen übersetzt. Auch Raubdrucke erschienen.

Im Vorwort appellierte Galland an das Interesse seiner Leser für fremde Völker, deren Sitten und Anschauungen:

> So werden sie annoch wegen der Sitten und Gebräuche derer Morgenländischen Völcker sich viel Annehmligkeit erwerben/ ingleichen durch Erzehlung ihrer Ceremonien und Religionen/ so wohl was die Mahomedanische als auch Heydnische anlanget. Denn dergleichen Dinge sind hier so wohl ausgeführet/ als wohl jemahls in einem Autore/ so darvon geschrieben/ geschehen/ oder etwa die Reisenden in ihren Reisebeschreibungen davon Nachricht ertheilen können. (Amander)

Daß aus einer objektiven Sicht des Islams in den nächsten Generationen Bewunderung wurde, dazu trugen Gallands Les Mille et Une Nuit ganz erheblich bei, hielt man doch das märchenhafte Bild der arabisch-islamischen Welt für authentisch, real.

Da also das europäische Interesse an der Sammlung, die im Orient so wenig galt, geweckt war und ständig wuchs, fahndeten Europäer nach Handschriften und fanden einige, die in mehr oder weniger enger Beziehung zu ihr stehen. Daraus wurde übersetzt und publiziert. Bald tendierten Übersetzer dahin, nahezu jedes arabische Märchen, auf das sie stießen, als zu der berühmt gewordenen

Sammlung gehörig zu betrachten und ihr hinzuzufügen. Das verhieß der Verbreitung der Geschichten ebenso viel Erfolg wie dem Übersetzer Popularität.

1798 landete Napoleon, der den britischen Kolonialbesitz in Indien bedrohen wollte, mit seinen Truppen bei Alexandria. Bis 1801 blieben die Franzosen in Ägypten, den Ägyptern die Augen für ihre zivilisatorische Zurückgebliebenheit öffnend. Den Forschungen französischer Orientalisten erschloß die »französische Expedition« Napoleons reiche Möglichkeiten. Auch der eifrigen Suche begeisterter Europäer nach Handschriften der Tausendundein Nächte kam sie entgegen. JOSEF VON HAMMER-PURGSTALL, der selbst, zunächst vergebens, in Konstantinopel, dann erfolgreicher in Kairo im Auftrag seines vorgesetzten Ministers nach einer solchen suchte, schildert im *Vorbericht* zu seiner Übersetzung folgendes Kuriosum: Ein englischer Reisender sei 1801, des Arabischen gänzlich unkundig, aber laut Alf Laila wa-Laila rufend durch die Straßen von Kairo gezogen, und man habe ihm tatsächlich eine Handschrift gebracht. Es sei die erste vollständige Handschrift überhaupt gewesen, auf die ein Europäer stieß, doch sei sie kurz darauf bei einem Schiffbruch, dem auch die Schätze eines britischen Tempelraubs zum Opfer fielen, durch Wassereinwirkung unleserlich geworden. Hammer-Purgstall selbst machte erst zwei Jahre später eine vollständige Handschrift ausfindig. Er entdeckte auch die oben zitierten Stellen aus MASʿŪDI und IBN EN-NADĪM. Sein Vorwort zu seiner Übersetzung wird durch spätere Forschungsergebnisse großenteils bestätigt.

Eine Art Märchenabenteuer war die *tunesische Handschrift* des Deutschen MAXIMILIAN HABICHT (1775–1839), die 1825–38 in 8 Bänden in Breslau herauskam und nach Habichts Tod vom Leipziger Arabisten H. L. FLEISCHER mit 4 Bänden 1842/3 fortgesetzt wurde. Habicht war 1797 als Preußischer Legationsrat nach Paris gegangen, blieb dort bis 1807, studierte Arabisch, kam aber nie in ein arabisches Land. Doch lebte er in Paris mehrere Jahre lang in einem Haus mit einem tunesischen Juden, IBN EN-NADSCHDSCHĀR. Dieser machte jedoch nicht, wie Habicht behauptete, in Tunis eine Alf-Laila-Handschrift ausfindig, sondern schrieb, sicher in Habichts Auftrag, aus diversen Quellen Geschichten ab, die dann Habichts »tunesische Handschrift« darstellten. Erst der englische Orientalist D. B. MACDONALD brachte das 1909 ans Licht. Er fand auch heraus, daß einigen Teilen dieser »Rezension« jedenfalls echte Alf-Laila-Handschriften zugrundelagen, so von der 885. Nacht bis zum Schluß. Gegenüber den im 19. Jahrhundert im Orient publizierten Drucken bietet dieser den Vorteil, daß Habicht die Texte so ließ, wie er sie in seinen Vorlagen fand, wenn auch mit allen sinnentstellenden Fehlern.

Das allgemeine Interesse an Tausendundeiner Nacht hatte europäische Orientalisten zur Erforschung der komplizierten Textgeschichte der Sammlung angeregt. Indologen und Arabisten stritten sich teilweise heftig über deren indischen oder arabischen Ursprung. Hinsichtlich des unterschiedlichen Geschichtenbestandes verschiedener Handschriften unternahm der französische Orientalist ZOTENBERG die Einteilung in eine orientalische und eine ägyptische Rezension. Zur orientalischen gehörte(n) die Handschrift(en) Gallands. Die Handschriften der ägyptischen Rezension stammen alle aus dem ausgehenden 18. oder frühen 19. Jahrhundert, also einer Zeit, in der die Sammlung – in der Gallandschen »Rezension« – schon fast hundert Jahre lang die Herzen europäischer Leser erobert hatte. Wir wissen heute, daß es darüber hinaus andere, freistehende, Rezensionen gibt, etwa die Handschrift der LADY WORTLEY MONTAGUE.

Auf der ägyptischen Rezension beruhen fast alle im Orient publizierten Drucke der Alf Laila wa-Laila. Sie erschienen relativ bald, nachdem im Orient infolge der intensiveren Begegnung mit den europäischen Kolonialmächten der Buchdruck eingeführt worden war. Die erste arabische Druckerei in Bulak, damals einem Vorort von Kairo, wurde 1821 gegründet. 1835 kam die erste Bulaker Ausgabe der Alf Laila wa-Laila heraus, 1862/3 die zweite. Eine Handschrift der ägyptischen Rezension liegt auch der vierbändigen Ausgabe der britischen Staatsdruckerei in Calcutta zugrunde, die WILLIAM MACNAGHTEN, britischer Staatssekretär in Indien, 1839–42 besorgte. Bezeichnend ist, daß sie als Untertitel die arabische Übersetzung des in England eingeführten Titels *The Arabian Nights' Entertainments* trägt.

Daß inzwischen in Deutschland HERDER auf die Bedeutung der Volkspoesie hingewiesen und GOETHE den Sinn für Weltliteratur geweckt hatte, förderte das Interesse an Tausendundeiner Nacht. LICHTENBERG, HERDER, GOETHE, JEAN PAUL, F. V. SCHLEGEL, CHAMISSO, die BRÜDER GRIMM, GRILLPARZER, HEINE äußerten ihre Begeisterung. Romantiker wie W. HAUFF fühlten sich von der Sammlung ebenso inspiriert wie die Neuromantiker R. M. RILKE und H. V. HOFMANNSTHAL. Motive und Requisiten aus ihr finden sich in den Kinder- und Hausmärchen der Brüder Grimm (1812/22), etwa im Märchen *vom Simeliberg,* dem *vom Fischer un siner Fru, vom Geist im Glas.* Parodien nahmen die Schwärmerei für sie aufs Korn, etwa zu Beginn des 19. Jahrhunderts JULIUS VOSS' mehrbändige *Tausendundeine Nacht der Gegenwart oder Mährchensammlung im Zeitgewande,* in der eine erzählende Prinzessin Horribunde einen alternden König Trallala unterhält. E. A. POE verspottete mit seiner Weiterführung der *Sindbad-Geschichte* die Übersetzung des Engländers E. W. LANE und ihr Übermaß an akribischen Anmerkungen.

Auch die europäische Malerei, die Buchkunst und die Musik sind von Tausendundeiner Nacht vielfältig angeregt worden. Doch böte das Stoff zur Genüge für eine eigene Monographie. Zu fragen ist hier aber: in welcher Form lernte Europa die Nächte kennen? Es waren Gallands *Les Mille et Une Nuit* und – den jeweiligen Zeitverhältnissen verhaftete – Übersetzungen aus ihr in andere europäische Sprachen, die europäische Leser mehr als 150 Jahre lang faszinierten und ihr Bild vom Orient weitgehend bestimmten.

IV

»Fürs Kinderzimmer, für die Bibliothek, fürs Studierzimmer, für die Gosse«(?) – die Übersetzungen

Galland. Die deutschen Übersetzungen von 1706 und 1711. J. H. Voss. Habicht. Hammer-Purgstall/Zinserling. König. Weil. Henning. Lane. Payne. Burton. Mardrus. Greve. Die Wiener Ausgabe. Littmann.

»Nimmt man die Übersetzung Gallands beim Wort, so ist sie von allen die am schlechtesten geschriebene, die schwindelhafteste und die schwächste – aber die meist gelesene. Wer sich in sie versenkt hat, dem ist Glück und Erstaunen zuteil geworden«, so der Argentinier J. L. BORGES in einem ebenso geistvollen wie boshaften Essay *Die Übersetzer der Märchen von Tausendundeiner Nacht.* Borges, Schriftsteller und profunder Literaturkenner, hat selbst übersetzt, aus dem Englischen. Er hatte dichterisches Gespür für gestaltete Sprache. Aber Arabisch beherrschte er nicht.

Deutlich werden Unterschiede zwischen Übersetzungen erst, wenn man anfängt, sie miteinander zu vergleichen, mehr noch, wenn man sie mit dem Original oder auch den Originalvorlagen kollationiert. Denn, was Borges sichtlich nicht wußte: die Übersetzer stützen sich auf unterschiedliche arabische Textvorlagen. Man kann also nicht, wie Borges das tut, GALLAND vorwerfen, daß er im Prolog König Schehrijâr bei seiner überraschenden nächtlichen Rückkehr seine königliche Gemahlin *in den Armen eines der niedersten Angestellten seines Hauses* vorfinden läßt, statt in denen eines schwarzen Sklaven. Gallands Handschrift hat hier einen Küchensklaven, doch auch der war ihm wohl zu vulgär. Die Steigerung des Abscheulichen (nach dem Klischeebild der Sammlung), den schwarzen Sklaven, hat der 2. Kalkuttaer Druck. Der Engländer

RICHARD BURTON, der für seine Übersetzung (1885), stark angelehnt an seinen Landsmann JOHN PAYNE, aus den damals vorliegenden Drucken eine Optimalfassung kreieren wollte, zieht beides zusammen und steigert den Buhlen zum schmutzigen Greuel:

> . . . and (he) *entered his apartments, where he found the Queen, his wife, asleep on his own carpet-bed, embracing with both arms a black cook of loathsome aspect and foul with kitchen grease and grime* (B I, 4).

Der 2. Kalkuttaer Druck, auf den Burton vorgibt, sich vornehmlich zu stützen, hat:

> *Er betrat sein Schloß und fand seine Gattin schlafend, in seinem Bett, und sie hielt einen schwarzen Sklaven in den Armen* (K I, 2).

LITTMANN, dem Borges seine deutsche Rechtschaffenheit vorwirft, übersetzt diesen Text:

> . . . *und ging in sein Schloß, da fand er seine Gemahlin auf seinem Lager ruhend, wie sie einen hergelaufenen schwarzen Sklaven umschlungen hielt* (Li I, 20).

Wir wollen uns hier nicht in ermüdenden philologischen Details verlieren. Doch sind unterschiedliche Übersetzungen eines Literaturwerks Zeugnisse seiner Rezeptionsgeschichte ebenso, wie sie auf sie einwirkten. Die Übersetzer, selbst oft Vertreter der gelehrten Welt, hatten schließlich die gebildete Welt ihrer Zeit im Blick. Zu Beginn des 18. Jahrhunderts war es noch nicht üblich, textgetreu zu übersetzen, und das blieb noch mindestens hundert Jahre so. Gerade die Übersetzungen von Tausendundeiner Nacht sind aber auch noch im 19. Jahrhundert, als Texttreue wichtiger wurde, ein Indikator für die europäische Einstellung zu *Sex and Crime,* ein Stück Werkgeschichte in Europa ebenso wie ein Teil europäischer Kultur- und Sittengeschichte. So verdienen sie unser Augenmerk.

Galland schickt seiner Übersetzung, bescheiden von sich im unpersönlichen Ton redend, voran:

> *. . . man ist vom Text nur abgewichen, wenn die Schicklichkeit es nicht gestattete, sich an ihn zu halten. Der Übersetzer schmeichelt sich, daß diejenigen, die Arabisch können und die sich der Mühe unterziehen wollen, das Original mit der Übersetzung zu verglei- chen, übereinkommen werden, daß es die Araber den Franzosen mit aller Umsicht zeigt, die die Delikatesse unserer Sprache und unserer Zeit erfordert.*

Tatsächlich ist seine Übersetzung für heutige Begriffe eher eine französischen aristokratischen bis großbürger- lichen Vorstellungen des beginnenden 18. Jahrhunderts entgegenkommende Nacherzählung des arabischen Texts. Da wird einerseits aus Gründen der *Schicklichkeit* und der *Delikatesse* gestrichen, andererseits belehrend ergänzt, moralisierend, auch leicht ironisierend kommentiert. An die Stelle der schlichten Wirtschafterin des Originals der Lastträgergeschichte etwa setzt Galland, Sohn eines galanten Zeitalters, *die charmante Amine*. Die Stelle aus dem Prolog, aus dem oben ein Halbsatz zitiert wurde, lau- tet bei ihm in Gänze so:

> *Da er die Königin noch einmal in die Arme schließen wollte, die er sehr liebte, kehrte er allein in seinen Palast zurück. Er ging gerade- wegs in das Appartement jener Prinzessin, die, da sie nicht erwartet hatte, ihn wiederzusehen, in ihrem Bett einen der niedrigsten Ange- stellten ihres Hauses empfangen hatte* (G I, 4 f.).

Das Original hat hier:

> *Er durchquerte die Stadt und ging in sein Schloß, um sich von seiner Gattin zu verabschieden. Aber als er das Schloß betrat, fand er seine Frau schlafend, neben ihr einen der Küchensklaven, und beide hiel- ten sich eng umschlungen* (M I, 57).

Die pikante Nacktbadeszene des *Lastträgers* mit den drei Damen oder besser dieser mit ihm, ist Gallands Schick- lichkeitsbedürfnis ganz zum Opfer gefallen. Bei ihm heißt es nur:

> *Sie begannen zu essen, zu trinken, zu singen und Verse zu rezitie- ren. Die Damen fanden Gefallen daran, den Lastträger betrunken zu machen unter dem Vorwand, ihn auf ihr Wohl trinken zu lassen. Mit Scherzen wurde nicht gespart* (G I, 217).

Die vollständige Szene mag in der Littmannschen Übersetzung nachgelesen werden (Li I, 104–8). Hinzuzufügen bleibt, daß Gallands Vorlage in der Beschreibung polygyner Sinnenfreude üppiger ausschweift als Littmanns.

Galland hat Verse und Reimprosa des Originals wenn überhaupt, dann gestrafft und in Prosa wiedergegeben. Andererseits hat er zunächst die Rahmenerzählung, wohl an höfischen Szenen der Zeit orientiert, reichlich ausgeschmückt. Erst als ihn junge Leute deswegen neckend im Nachtschlaf störten, gab er das auf. Im Unterschied zu späteren Übersetzern aber hat er auf das Zartgefühl seiner Leser nicht nur da Rücksicht genommen, wo das arabische Original unverhüllt und unbefangen Sexualität beschreibt – nicht nur die arabische Volksliteratur, auch die der Gebildeten kannte kaum Prüderie, bis die Araber im 19. Jahrhundert in nähere Berührung mit Europäern kamen. Galland hat auch die – gelegentlichen – Grausamkeiten des Originals zartbesaiteten Lesern erträglicher zu machen gesucht, etwa in der *Sindbad-Geschichte*. Auf seiner vierten Reise wird Sindbad der Seefahrer mit seiner verstorbenen Frau in einer großen Höhle lebendig begraben – auch dieses Motiv erscheint in der *Ende-gut-alles-gut*-Anthologie des Richters TANŪCHI. Aus Selbsterhaltungstrieb – die nach ihm lebend Beigesetzten erhalten wie er eine Mindestration an Brot und Wasser – wird Sindbad hier zum mehrfachen Mörder. Und er wird, aus Gewinnsucht, zum Leichenfledderer. Vor allem die späte Fassung in K schildert das geradezu genüßlich grausig.

Da mir die Handschrift, die Galland vermutlich benutzt hat, nicht zugänglich ist, gebe ich einen dieser nahestehenden Text wieder:

Ich nährte mich von der Zehrung und dem Wasser, die ich mithatte, bis sie zu Ende gingen, da erwartete ich den Tod. Plötzlich wurde der Eingang zur Höhle geöffnet, und man ließ einen Toten herab und jemanden anders, der noch lebte. Als die Bahre unten anlangte, (sah ich), der Tote war ein Mann, und seine Frau lebte. Ich erblickte sie, aber sie nahm mich nicht wahr. Sie legten den Stein wieder (vor

den Eingang) und gingen weg. Da packte ich mit der Hand einen
großen Knochen und schlug sie auf den Kopf, so daß sie zu Boden
fiel. Ich schlug sie ein zweites Mal, da starb sie. Ich nahm das Brot
und das Wasser, das sie bei sich hatte, und ernährte mich davon (LS
59 f.).

Für Gallands Fassung sei die, dem französischen Original
recht genau folgende, im Stil der Zeit mit Französismen
durchsetzte deutsche Übersetzung aus dem Jahr 1711
zitiert:

Ich erwartete nichts mehr/ fuhr Sindbad fort/ als den Tod/ da ich den
Stein auffheben hörete. Man ließ eine Leiche nebst einer lebendigen
Person hinab. Der Todte war ein Mann. Es ist natürlich in den letz-
ten Extremitäten die äuserste Entschliessungen zu fassen. Ich
näherte mich in der Zeit/ da man die Frau herunter senckete/ zu dem
Orte/ wo ihr Sarg sollte zu stehen kommen/ und gab bey Vermer-
ckung/ daß man das Loch des Brunnens wieder zudeckte/ der
Unglückseligen/ mit einem starcken Knochen/ den ich zur Hand
genommen hatte, zwey oder drey harte Schläge auff den Kopff/ daß
sie hiervon gantz betäubt oder vielmehr ertödtet wurde: Und wie ich
diese unmenschliche That um nichts anders willen vornahm/ als des
in dem Sarge befindtlichen Brodt und Wassers theilhafftig zu wer-
den/ so bekam ich auff etliche Tage Proviant (Talander III, 55).

Während das Original Brutalität ohne jede Emotion oder
Wertung beschreibt, gibt Galland rationale Begründungen und verleiht auch im folgenden dem arabischen früh-
mittelalterlichen Volkshelden Sindbad Züge eines emp-
findsamen französischen Kavaliers um 1700.

Wie sehr Galland den Geschmack seiner Zeit traf, wird
daraus deutlich, daß der erste Band seiner Nächte schon
1706 in deutscher Übersetzung erschien, gleichzeitig mit
der ersten Übersetzung ins Englische. Es folgten eine ita-
lienische (1722), eine niederländische (1732), eine dänische
(1745) und eine russische Übersetzung (1763).

Pierre Marteau, der fiktive Verleger in Köln, ordnete das
Werk in der Titelformulierung in die Reihe galanter orien-
talisierender Romane, die damals gern gelesen wurden:

Arabische Liebes=Händel/ und andere Seltzame Begebenheiten/
welche von einer Sultanin in tausend Nacht=Gesprächen erzehlet/

und zugleich viele Sitten und Gewohnheiten der Morgenländer/ auf
eine gar sonderbahre und angenehme Art vorgetragen werden.

Wer sich hinter dem Namen des Übersetzers, AMANDER, verbirgt, läßt sich in den Pseudonymenverzeichnissen nicht eindeutig bestimmen. Die erste vollständige deutsche Übersetzung erschien anonym 1711 in Leipzig. Der Verfasser der *Vorrede* nennt sich TALANDER. Dahinter steckt AUGUST BOHSE, damals bekannt als Autor galanter Staats- und Liebesromane. Beim ersten Band ist gegenüber der Amander-Übersetzung nur eine leichte Modernisierung festzustellen.

Diese Übersetzung wurde oft nachgedruckt. Erst 1773 übte G. A. BÜRGER drastische Kritik an ihr: *Anlangend Tausend und eine Nacht, so hat, wie die Rede geht, Galland morgenländische Goldbarren in französische Klapper- und Scheidemünze umgewechselt.* Bürger versprach eine eigene, freie Nacherzählung des Texts. Da er des Arabischen unkundig war, konnte das nur eine Bearbeitung jener Gallandschen *Klapper- und Scheidemünze* sein. Im gleichen Artikel griff er ähnlich geharnischt JOHANN HEINRICH VOSS an, der, damals als Übersetzer der Odyssee bekannt, ebenfalls eine Neuübersetzung der Nächte angekündigt hatte. Bürger verwirklichte sein Vorhaben nicht. Voß' Übersetzung erschien 1781/5 in 6 Bänden in Bremen. Der Rezensent des ersten Bandes fand allerdings, Voß habe *ohne Zutat der geringsten Spezerei,* also zu nüchtern übersetzt. Tatsächlich hat Voß – der jeder Schwärmerei abhold war – Gallands barocken Stil in ein, im Gegensatz zur deutschen Übersetzung von 1711, von Französismen fast freies, heute noch gut lesbares Deutsch umgesetzt. Die Ausgabe, die den Geist der deutschen Aufklärung atmet, ist aber heute eine Rarität.

Als erste (angeblich) direkt aus dem Arabischen einer (fiktiven) tunesischen Handschrift übertragene und vollständige deutsche Ausgabe gab sich die von M. HABICHT, F. H. V. D. HAGEN und C. SCHALL, erschienen 1825 in 15

Bänden. Tatsächlich folgt Habicht bis zum 13. Band der 1822 in Paris publizierten französischen Ausgabe von EDOUARD GAUTTIER. Dieser hatte der Gallandschen Übersetzung Geschichten orientalischer Herkunft hinzugefügt, die von französischen und englischen Orientalisten nach verschiedenen Vorlagen übersetzt worden waren. Über seine Quellen gibt Gauttier keine zufriedenstellende Auskunft. Schon in dem Teil, den er von Galland übernahm, hat er die Geschichtenfolge geändert, auch die Übersetzung nach eigenen Textvorlagen revidiert. In den übrigen Bänden stellte er ebenfalls eine eigene Rezension zusammen. Habichts deutsche Fassung folgt der französischen Vorlage recht genau, natürlich in einer moderneren Form als die barocke Galland-Übersetzung von 1711.

Fast gleichzeitig mit der Habichtschen Übersetzung, 1823, erschien die von A. E. ZINSERLING nach der französischen von HAMMER-PURGSTALL (s. o. S. 32). Das französische Original ist ebenso verlorengegangen wie die Handschrift, die ihm zugrundelag. Hammer wollte *der Lesewelt* nur die Geschichten vorstellen, die es damals noch nicht in einer französischen oder englischen Übersetzung gab. Aus dem Inhaltsverzeichnis seiner Handschrift, das er mitveröffentlichte, erfahren wir aber, daß sie auch Geschichten enthielt, die Galland nur von Hanna erzählt worden waren, wie die *vom Ebenholzpferd, von Ghānim*. *Sindbad der Seefahrer* war hier ebenfalls enthalten.

Von seiner Übersetzung sagt Hammer, daß sie den Text allemal da abkürze, *wo Widerholungen und langweilige müßige Stellen, die mehr auf den Zuhörer als auf den Leser berechnet sind, eine Abkürzung zu Gunsten des lezteren nötig zu machen schienen.* Er verweist mit einem gewissen Recht auf *die langen Tiraden, die sich vorzüglich in den neueren egyptischen Mährchen in großer Anzahl finden. Und: Endlich glaubten wir es auch der Sittlichkeit schuldig zu seyn, einige zu freye Stellen etwas zu beschränken* (HP I, XL f.). Dies hat er in zahlreichen Fällen getan und wechselt dabei gelegentlich in die Rolle des Erzählers/Autors über, der dem

Leser seine *Beschränkungen* liebenswürdig-treuherzig ein-
gesteht, etwa vor der im Original sehr drastischen Schil-
derung der Freuden, die der *Schuhflicker Ma'rūf* in seiner
Hochzeitsnacht mit der Prinzessin genießt:

> *Hierauf fieng er an, seine Braut zu liebkosen, und ihr, meine Leser,*
> *ihr werdet auch nichts dabey verlieren, wenn ich seine Liebkosungen*
> *nicht umständlich beschreibe* (HP III, 434).

Daß seine Geschichten sich in manchen Details von denen
des 2. Kalkuttaer Drucks unterscheiden, zeigt ein Vergleich von Passagen, die er kaum geändert haben kann.

Hammer hat die sprechenden Namen des Arabischen
übersetzt – im Arabischen ist die Bedeutung der meisten
Personennamen bis heute erkennbar; so wird aus dem
Krieger Uns el-Wudschūd *Liebetraut*. Auch wenn er Metaphern und Vergleiche übersetzt, nimmt er den Märchen
viel von ihrer Exotik für den europäischen Leser. So erinnert seine Übertragung an Kunstmärchen der Romantik,
etwa von W. HAUFF oder C. BRENTANO.

Ein Beispiel dafür, daß auch deutsche Übersetzer – wie
vor ihnen französische – aus der Überlieferung der Nächte
ein Verwirrspiel machten, ist ALEXANDER KÖNIGS *Tausend*
eine Nacht, erschienen in 24 Bändchen zuerst 1841 bei
Georg Wigand in Leipzig, und später mehrfach, auch in
Auszügen, neu aufgelegt. Der Untertitel *Arabische Erzäh-*
lungen, deutsch von... könnte vermuten lassen, König
habe aus dem Arabischen übersetzt. Tatsächlich folgt er
bis ins 19. Bändchen zwar nicht in der Nachteinteilung,
wohl aber in der Geschichtenfolge weitgehend Gauttier/
Habicht. Details und der Geschichtenbestand ab Band 20
lassen erkennen, daß er die eben erschienene wesentlich
genauere Übersetzung von E. W. LANE hinzugezogen haben muß.

Häufig nachgedruckt wurde die Übersetzung von
GUSTAV WEIL (1808–89). Doch auch sie hat ihre
Geschichte. Weil hatte 5 Jahre lang in Algier, Kairo und
Stambul gelebt. Als er nach seiner Rückkehr 1836 vom

Verlag der Classiker in Stuttgart gebeten wurde, die Übersetzung zu übernehmen, wollte er, daß *einmal eine unmittelbar aus dem Arabischen fließende Verdeutschung an die Stelle der vielen Afterübersetzungen trete.* Doch der Verlag ließ das Manuskript durch einen Modeschriftsteller, AUGUST LEWALD, überarbeiten, auch so ändern, daß sich die aus der 1838/40 bei Ernest Bourdin erschienenen dreibändigen französischen Ausgabe stillschweigend übernommenen Holzschnitte an denselben Stellen einfügen ließen wie dort. Lewald gibt in seinem nach orientalisch/französischem Vorbild *Vorhalle* genannten Vorwort Auskunft darüber:

> *Die Märchen der Tausend und einen Nacht frivol oder gar obszön nennen zu wollen, wäre frevelhaft; es ist dem Reinsten vergleichbar, was je aus dem Munde ächter Dichter geflossen; allein dennoch ist es nicht möglich, sie in ihrer einfältigen Natürlichkeit in unsere Gesellschaft einzuführen* (Wl¹, 12).

Er spricht von dem jungen Gelehrten *voll orientalischer Weisheit, orientalischen Sinnes und orientalischer Erregbarkeit:*

> *Er gab für arabische Worte gewissenhaft deutsche, den Sinn mit Treue erwägend, den Geist mit Einsicht fassend, unbekümmert, welchen Eindruck dies in Europa machen wird.*

Weil distanzierte sich später von dieser Übersetzung und bekannte sich erst zur 3. Auflage 1866/7, der er Geschichten aus dem inzwischen erschienenen 2. Bulaker Druck hinzugefügt hatte.

Er hat sich weit mehr am Originaltext orientiert als vor ihm französische Übersetzer, denen Habicht und König folgten, gibt aber wie diese Reimprosa und Verse in Prosa wieder. In der 3. Auflage ist auch, sicher nach dem Vorbild Lanes, die Nachteinteilung ganz entfallen. Im Vorwort erklärt er weder das, noch die Prinzipien seiner Übersetzung und Geschichtenreihung. Lewalds Stilschönungen müssen ihm in den fast dreißig Jahren, die zwischen der 1. und 3. Auflage vergangen waren, so gewohnt geworden sein, daß er sie fast gänzlich beließ. Die beiden

Auflagen sind in der Badeszene der Lastträgergeschichte, wie auch sonst meist bei identischen Geschichten, gleichlautend:

So blieben sie lange fröhlich beisammen, aßen, tranken, sangen, kosten und umarmten sich, und alle drei Mädchen waren nur mit dem Träger beschäftigt; die eine steckte ihm einen süßen Bissen in den Mund, die andere warf ihn mit Blumen, die dritte streichelte ihm die Wangen, bis alle so berauscht waren, daß sie jede Grenze des Anstands und der Sittlichkeit überschritten. Nachdem der Wein ihnen ihre Besinnung geraubt hatte, entkleidete sich die Pförtnerin, um in dem hinter ihrem Hause vorbeifließenden Strom ein Bad zu nehmen; sie blieb lange im Wasser, um alle Teile ihres Körpers rein zu waschen, kam dann wieder zu ihren Schwestern herauf, setzte sich zu dem Träger und ward ganz ausgelassen; doch so oft der Träger sich eines unanständigen Ausdrucks bediente, schlugen alle drei Schwestern nach ihm. Nach einer Weile entkleideten sich auch die beiden anderen Schwestern, nahmen ebenfalls ein Bad und fielen dann mit dem größten Mutwillen über den Träger her. Er durfte alles tun, was er wollte; nur in seinen Worten mußte er bescheiden sein. Nun entkleidete sich auch der Träger, um ebenfalls ein Bad zu nehmen. Nachdem auch dieser sich ganz rein gewaschen, kam er wieder zu den drei Schwestern zurück, setzte sich auf der einen Schoß, umarmte die andere, umschlang die dritte und scherzte mit ihnen auf alle mögliche Weise, bis es anfing dunkel zu werden (Wl[1] I, 164; Wl[3] I, 65).

Zwar ist die Szene artiger als das Original, doch Illustratoren späterer Jahrzehnte haben sie augenscheinlich reizvoll gefunden.

Die vierte Reise Sindbads hat Weil christlichen Moralvorstellungen insofern angenähert, als er Sindbad Schmuck, Juwelen und Kleidungsstücke, wie auch Galland, *von den Bahren,* nicht, wie im Original, den Toten abnehmen läßt.

Weitaus prüder als Weil verfuhr um die Jahrhundertwende MAX HENNING (1864–1927), der auch durch eine Koranübersetzung bekannt geworden ist. Er veröffentlichte 1895 beim Reclamverlag in Leipzig eine deutsche Übersetzung in 17 Bänden nach einem Bulaker Druck, die er 1897 durch weitere 7 Bände mit Geschichten aus dem Breslauer Druck und aus den *Supplemental Nights* von

R. Burton ergänzte. Henning hält sich recht treu an seine Textvorlage, aber ohne auch nur zu versuchen, Reimprosa und Verse künstlerisch nachzugestalten. Die Verse hat er nach eigener Angabe *auf etwa die Hälfte ihres Bestandes* reduziert, außerdem habe er sich *einige wenige durch ihren anstößigen Inhalt gebotene Streichungen oder Verbesserungen erlaubt* – sie sind beträchtlich. Dagegen nimmt er die grausame Morderei Sindbads voll ins Deutsche herüber, verharmlost allerdings die Leichenfledderei.

Inzwischen waren in England drei Übersetzungen erschienen, von denen dem Laien meist nur zwei bekannt sind, die erste, von Edward William Lane, weil sie die dritte, von Sir Richard Burton, wie man meinte, provozierte. Diese wiederum, weil ihr Verfasser die viktorianisch prüde Gesellschaft der Zeit interessieren, ja schokkieren wollte. Burtons Übersetzung wurde Grundlage deutscher Übersetzungen, stand sie doch im Ruf, die erste ungekürzte Alf-Laila-Übersetzung überhaupt zu sein. Tatsächlich war sie es nicht.

Doch zunächst zu LANE (1801–1876): sein Lebenswerk, das große Arabic-English Dictionary, ist dem Arabisten bis heute unentbehrlich. 1833–35 hatte Lane in einem Kairoer Volksviertel gelebt wie ein Ägypter der damaligen Zeit. 1840/41 brachte er seine Übersetzung des 1. Bulaker Drucks der Alf Laila heraus. Alle bisherigen englischen Übersetzungen waren nach Gallands französischer erfolgt. Lane warf Galland vor, er habe die Nächte *excessively perverted*. Seinem Stil habe er das Wertvollste an dem Werk geopfert, die Genauigkeit in der Beschreibung typisch arabischer Eigenheiten.

Wie aber übersetzt Lane? Er hat auf die *langweiligen Unterbrechungen* durch die Nachtzäsuren verzichtet und das Werk in 30 Kapitel gegliedert. Von der Poesie, die er zunächst nicht übernehmen wollte, weil sie in Prosaform nicht wirke, fügte er später einiges ein, um den Charakter des Originals nicht zu sehr zu ändern. Aus seiner exzellenten Kenntnis ägyptisch-arabischer Sitten hat er seine

Übersetzung mit einer Fülle gelehrter Anmerkungen komplettiert. Sie wurden 1883 von seinem Neffen ST. LANE-POOLE gesondert und sachlich geordnet unter dem Titel *Arabian Society in the Middle Ages* herausgegeben und sind heute noch informativ.

Lane, Sohn eines Domherrn in Herford, eines Hochsitzes der anglikanischen Kirche, hat Erzählungen, die er für uninteressant und *on any account objectionable* hielt, ausgelassen. Er übergeht sie aber nicht einfach mit Schweigen, sondern macht entrüstet auf die Unmoral aufmerksam, die er unterschlägt. So faßt er die nunmehr sattsam bekannte Trink- und Badeszene so zusammen: . . . *and they threw off all restraint, indulging their merriment with as much freedom as if no man had been present* (L I, 141), dabei fühlen sich im Original die drei Damen gerade durch die Gegenwart eines Mannes herausgefordert. In einer Anmerkung dazu erklärt er: *I here pass over an extremely objectionable scene, which could convey a very erroneous idea of the manners of Arab ladies.* Anschließend preist er wortreich das islamische Alkoholverbot und rühmt sich seines Abstinenzlertums. Die zahlreichen Trinkszenen in Tausendundeiner Nacht seien *scandalous misrepresentations of Arab manners and customs* (L I, 215). Tatsächlich werden sich ehrbare arabische Frauen zu der Zeit, als Lane in Kairo lebte, nicht so freizügig-frivol gegeben haben wie diese drei Schwestern, und fromme Muslims halten sich bis heute an das islamische Alkoholverbot. Aber nicht nur die arabischen Nächte, auch die »hohe« Literatur bezeugen, daß sich Lebenslust bis Laster immer wieder und in vielfältiger Form gegen orthodox-islamische Strenge durchgesetzt haben. Bei Lane sind zahlreiche Anekdoten und Passagen des Originals zu bloßen Anmerkungen der obigen Art geschrumpft. Sindbads Morde dagegen und seine Leichenfledderei bringt er ungemildert.

Lane übersetzte also gegen Galland, und gegen Lane übersetzte sein Landsmann RICHARD BURTON (1821–90). Borges hat das boshaft bespöttelt. Burtons abenteuerliches Leben, seine phänomenale Sprachbegabung und seine schriftstellerische Kreativität wurden ebenso legendär wie seine Exzentrizität. Er hatte dreißig Jahre lang damit geliebäugelt, die »Nächte« aus dem Arabischen zu übersetzen. Im Vorwort zu seiner Übersetzung nennt er sie *ein Werk der Liebe*, ... *eine unerschöpfliche Quelle des Trostes und der Genugtuung in langen Jahren offizieller Verbannung* ... *einen Talisman gegen Langeweile und Verzagtheit* (B I, VII). Er habe 1879 mit dem Entwurf begonnen, dann aber im Winter 1881/2 John Paynes Neuübersetzung angekündigt gesehen und ihm freiwillig den Vortritt und Besitz des Feldes angeboten, das ihn nun nicht mehr interessiert habe. Payne habe das Angebot gern angenommen, das habe für ihn, Burton, eine weitere Verzögerung bedeutet. Er lobt Paynes Übersetzung und bedauert, daß der *gelehrte und versierte Autor* sich auf nur 500 Exemplare festgelegt habe und darauf, das Werk *nicht in seiner vollständigen, unkastrierten Form zu reproduzieren* (B I, XIII). Doch erst die Tatsache, daß sich für Paynes Übersetzung – trotz eines bewußt hoch angesetzten Preises – 2000 Subskribenten gemeldet hatten, gab Burton den letzten Anstoß zu seiner Übersetzung. Als er sich mit Payne traf und über die Zeitschrift *Athenäum* verkündet hatte, er arbeite seit Jahren an dieser Übertragung, kannte er nur den 1. Bulaker Druck und hatte außerdem einige Resümees erarbeitet. Erst Payne wies ihn auf die anderen Drucke hin. Payne hatte für seine Übersetzung 6 Jahre gebraucht, hatte ihr den 2. Kalkuttaer Druck zugrundegelegt und die beiden Bulaker sowie den Breslauer Druck hinzugezogen. Ohne die Quellen im einzelnen auszuweisen, komponierte er aus ihnen eine Bestfassung nach seinem Geschmack, *um die Masse der kultivierten Leser mit einer wirklich repräsentativen und charakteristischen Version des berühmtesten Werks der Erzählliteratur überhaupt zu versehen* (P I, IX f.). Er veröffentlichte sie 1882–84 in 9 Bänden als Ausgabe der Villon Society, die eigens zu diesem Zweck gegründet worden war – Payne hatte Francois Villon übersetzt. Sein englischer Stil wirkt im Vergleich zum Original sehr literarisiert, auf Engländer zudem leicht archaisch. Im letzten Band seiner Übersetzung, die heute sehr selten geworden ist, findet sich eine Widmung für Burton *in Bewunderung und Dankbarkeit*. Burton seinerseits gibt in seinem Vorwort zu, Payne sehr zu Dank verpflichtet zu sein. Seine Übersetzung erschien 1885 in 10 Bänden, ebenfalls in einer limitierten Auflage, laut Titelblatt für 1000 Subskribenten, tatsächlich jedoch in zwei Auflagen. Die eine, wie die Paynesche eine Prachtausgabe, für Subskribenten des Burton-Clubs, numeriert und mit Stichen verschiedener Künstler versehen. Die unnumerierte zweite, also vielleicht auch stärkere, jedenfalls ist sie öfter zu finden, galt Subskribenten der Kamashastra-Society. Diese – nach einem indischen Liebeslehrbuch benannt – soll nur aus Burton und seinem Freund F. C. Arbuthnot bestanden haben. Sie wollte Werke aus verschiedenen orientalischen Literaturen, vorwiegend erotischer Art, in England bekanntmachen. Nur die zweite Ausgabe trägt ein Copyright. Hinter dem Druckort Benares verbirgt sich Stoke Newington.

Burton, der es bis dahin nie zu Reichtümern gebracht hatte, war nun ein Lebensabend in Wohlstand sicher. Vergleicht man seine Übersetzung mit der von Payne, dann stellt man leicht fest, daß er spätestens vom 2. Band an Payne nicht nur paraphrasiert, wie Burtons Biograph TH. WRIGHT schon 1906 feststellte, sondern weitgehend abgeschrieben hat. In den geringfügigen Änderungen ist eine Tendenz zu einem obsoleten Wortschatz größer als bei Payne. Stärkere Unterschiede weisen die Verse auf. Freunde englischer Lyrik sprechen jedoch Payne die größeren poetischen Gaben zu. Eine Besonderheit Burtons sind allerdings seine *anthropologischen* Anmerkungen. Im Gegensatz zu Payne war Burton weit gereist, kannte fast alle Länder des Vorderen Orients; sogar die Stadt Mekka hatte er als Afghane verkleidet besucht. Lane gleichzeitig imitierend wie seine Prüderie persiflierend, füllte

Burton seine Anmerkungen mit Wissensstoff, den er auf Reisen und durch Lektüre erworben hatte, vor allem aber mit Informationen über sexuelle Gegebenheiten, über die Penislänge von Schwarzen bis zur Reaktionsfähigkeit beschnittener Frauen. Für Kuriositätenliebhaber mag das reizvoll sein, notwendig zum Verständnis der Texte ist es weniger. Immerhin bemerkt Burton aber zu Sindbads erstem Mord, dieses Geständnis würde mit echt orientalischer Kaltblütigkeit gemacht, vermutlich hätte keiner der Zuhörer Morde abgelehnt, die dem Erzähler das Leben retteten. Im Gegensatz zu Lane hält er hier also eine Anmerkung für notwendig.

Th. Wright hat anhand von Briefen und Aufzeichnungen Burtons und Paynes aus deren Nachlaß nachgewiesen, daß Burton nur zwei Jahre, vom April 1884 bis April 1886, an seiner Gesamtübersetzung arbeitete und daneben andere Buchprojekte verfolgte. Die Freundschaft zwischen Payne und Burton, die sich nach ihrer ersten Begegnung entwickelt hatte, blieb von all dem ungetrübt. Payne war, wenn er eine Arbeit abgeschlossen hatte, nicht mehr an ihr interessiert. Burtons Tausendundeine-Nacht-Übersetzung hat jedenfalls die Aura, die ihn umgab, um ein Vielfaches wachsen lassen. Der bescheidenere Payne ist zu Unrecht vergessen.

Beide ließen ihren Ausgaben Supplementbände folgen, Payne 1884 in 3 Bänden, 1889 noch *Alā' ed Dīn* und *Zain el-Asnām,* Burton 1886/8 in 6 Bänden, die ersten drei wiederum sehr stark auf Payne gestützt.

Burtons Übersetzung wurde damals teils begeistert begrüßt, teils empört verrissen. Ein Rezensent in der *Edinburgh Review* vom Juli 1886 warf ihm vor, daß er jeden Spaten zu einer schmutzigen Schaufel stilisiere, und meinte, jede der bisherigen Übersetzungen habe andere Adressaten: Galland die Kinderstube, Lane die Bibliothek, Payne das Studierzimmer und Burton die Gosse.

Auf J. C. MARDRUS französische Übersetzung – sie erschien 1900/04 in 16 Bänden – und die *Zutaten* ihres Verfassers, der vorgab, nach einer ihm vorliegenden Handschrift wortgetreu und vollständig zu übersetzen, geht Borges ausführlicher ein. Diese Handschrift war ebenso wie die Habichtsche eine Fiktion. Borges bezeichnet die Übersetzung des *galanten Doktors* als die lesbarste von allen. Doch auch wenn er Mardrus' *Textuntreue* ebenso *schöpferisch* wie *geglückt* nennt: das ist nicht mehr Tausendundeine Nacht!

Auf Burtons Übersetzung beruht die deutsche von FELIX PAUL GREVE (Pseudonym für F. C. GERDEN, 1879–1910), die in 12 Bänden 1907 beim Inselverlag in Leipzig erschien, mit Einbandzeichnungen von MARCUS BEHMER und einem schwärmerischen Vorwort von HUGO VON HOFMANNSTHAL. Sie ist also die erste ungekürzte Ausgabe in deutscher Sprache. Greve hat den archaisierenden Stil Burtons vermieden. Prospekte zu dieser Ausgabe wiesen deutsche Leser damals darauf hin, daß Tausendundeine Nacht kein Kinderbuch sei.

Bewußt das Erotische in der Sammlung betonte eine deutsche Übersetzung, die 1906–14 in 18 Bänden beim Wiener Erotika-Verleger C. W. Stern erschien – solche Verlage blühten in Deutschland und Österreich nach der Jahrhundertwende auf. Das Titelblatt weist eine *vollständige und in keiner Weise gekürzte Ausgabe nach den vorhandenen orientalischen Texten, besorgt von Cary von Karwath* aus, ab Band 10 (1911) abgelöst durch ADOLF NEUMANN. CARY VON KARWATH, auch mit dem Titel »Edler von Würdeburg«, zeichnet als Autor mehrerer Erotika dieses Verlages, der schon wegen seiner Preise seine Kunden vor allem beim österreichischen Hochadel hatte. Erotische Illustrationen von BAYROS, F. KIRCHNER und anderen – Akte mit orientalisierenden Requisiten – vervollständigen die Ausgabe. Sie erschien in 520 Exemplaren für private Subskribenten. Die *orientalischen Texte*, das zeigt ein Vergleich, waren Burtons englische Übersetzung, doch wird sie öfter ungenau, auch mit einem Stich ins Schwülstige, Lüsterne umgesetzt. Aus der offenen, oft humorvollen, manchmal drastischen, jedenfalls volkstümlichen Freude am Sexuellen im arabischen Original ist hier, auf dem Weg über Burton, heimlicher Sinnenkitzel für einen exklusiven Kreis finanzkräftiger Interessenten am Vorabend des Ersten Weltkriegs geworden.

Die erste vollständige und auf arabischen Originaltexten beruhende deutsche Übersetzung der Alf Laila wa-Laila stammt also von ENNO LITTMANN (1875–1958). Littmann setzt den 2. Kalkuttaer Druck treu und soweit möglich auch künstlerisch ins Deutsche um, gibt Reimprosa meist als solche wieder, macht aus arabischen Versen deutsche. Er überträgt ohne Prüderie, ist aber oft dezenter als das Original. Nur gelegentlich hat er das Lateinische dem Deutschen vorgezogen, etwa bei einem längeren Gedicht in der 950. Nacht. Hugo von Hofmannsthals poesievolle Worte, man müsse durch eine vortreffliche Übersetzung die Nacktheit der Originalsprache fühlen wie den Leib einer Tänzerin durch ihr Gewand, galten der auf Burton beruhenden Übersetzung von Greve. Sie treffen weit mehr auf die Littmannsche Übersetzung zu. Das Gewand ist nicht hären, wie man aus Borges Essay schließen könnte, aber auch kein Flitterkleid der Phantasie. Zwar meint der Dichter Borges süffisant: *Bei dem Verkehr zwischen Deutschland und den Nächten hätte etwas mehr herauskommen sollen,* deutsche Rechtschaffenheit allein sei wenig, zu wenig. Es wäre dann aber, um im Bild zu bleiben, wenn schon kein illegitimes, so doch ein durch Schönheitsoperationen verändertes Kind, das wir vor uns hätten.

Tausendundeine-Nacht-Übersetzungen, die Texttreue mit künstlerischer Gestaltung verbinden, gibt es heute auch im Spanischen, Italienischen, Russischen, Tschechischen.

Habent sua fata libelli, »Bücher haben ihre Schicksale«, könnte man angesichts dieses Überblicks sagen. Die schillernde Geschichte der Übersetzungen von Tausendundeiner Nacht in Europa im Lauf von nahezu 300 Jahren zeigt aber, wie sehr die Sammlung Bestandteil der europäischen Kulturgeschichte wurde, symptomatisch für das jeweilige Bild, das man sich in Europa vom Orient machte, symptomatisch für Europa selbst, das lange Zeit seine Norm- und Wertvorstellungen diesem Bild aufzwang.

V

»Eine bunte Wiese im Morgenland« –
die äußere Gestalt

Gattungen, Aufbau, Erzählweise. Bildhaftigkeit. Reimprosa. Verse. Anfangs- und Schlußformeln. Personen-, Ortsnamen. Geographische Vorstellungen. Zahlenangaben. Materielle Kultur. Heldenbilder. Figurenstereotype. Tiere. Fehlende und häufige Motive. Der »islamische Firnis«. Das Dämonenrepertoire.

Der Vergleich mit *einer Wiese im Morgenland, die mit Blumen von vielerlei Art und Farbe übersät ist, und freilich auch einiges Unkraut aufweist,* (das dennoch fröhlich blühen mag) paßt nicht nur auf den zweiten Kalkuttaer Druck, den LITTMANN seiner Übersetzung zugrunde legte und durch weitere Geschichten ergänzte, also für seine »Rezension«. Zwar soll im folgenden vor allem von dieser die Rede sein, doch trifft das Bild wie vieles, was hier dargelegt werden soll, auch für andere Rezensionen zu. Littmann hat im Nachwort zu seiner Übersetzung die Geschichte der Sammlung nach dem damaligen Kenntnisstand dargelegt, die vermutliche Herkunft einzelner Geschichten, nach Gattungen geordnet, ist auf Motive eingegangen. Er verweist auf die zeitlichen Unterschiede, die dem auffallen müssen, der die Geschichten aufmerksam und hintereinander liest: vom legendären König Salomo (965–925 v. Chr.) ist die Rede, vom Sassanidenkönig Chosrau (Kisrā) Anuscharwān (539–70), von Hātem et-Tā'i, dem Prototyp altarabischer Freigebigkeit, viel vom Abbasidenkalifen Harūn er-Raschīd (regierte 786–809), auch vom Mamluken Baibars (1233–77) in Ägypten. Spuren der Kreuzzugszeit sind erkennbar, etwa in der *Geschichte vom Oberägypter und seinem fränkischen Weibe.* In der *Ali-Baba-Geschichte* kommt Kaffee vor, den arabische Quellen erst seit dem 16. Jahrhundert nennen.

Im Märchen *von ʿAlī Schār* gibt es einen europäischen Konsul, der sich später als Seeräuber geriert.

Bunt ist nicht nur die Mischung der Zeiten, vielfarbig ist der Inhalt, unterschiedlich sind die Gattungen. *Geschichten über die Tücke der Weiber* sind in einen Rahmen gefügt, in dem eine kluge Wesirstochter einen eifersuchtskranken König von seinem Frauenhaß heilen will. Diese Wesirstochter erzählt auch eine Geschichte, von der es heißt, sie solle Frauen, Kindern und dummen Menschen nicht zu Gehör gebracht werden. Sie trägt gleich zu Beginn Geschichten vor, die von perfiden, ständig auf sexuelle Abenteuer versessenen Frauen handeln.

Da gibt es Zaubermärchen, zarte bis sentimentale und doch sehr sinnliche Liebesgeschichten wie die *von Ghānim, dem verstörten Sklaven der Liebe,* und in sie eingeflochten die derben Eunuchenschwänke *von Buchait* und *Kafūr.* Im Abenteuerroman *von Sindbad dem Seefahrer* spielt Liebe kaum eine Rolle. Schwelgerischer Sinnenfreude in der *Lastträgergeschichte* stehen schwermütige Betrachtungen über die Vergänglichkeit alles Irdischen mit dem bekannten Ubi-sunt-qui-ante-nos-Motiv in der *Geschichte von der Messingstadt* gegenüber. Einem ausgesprochen volkstümlich frommen Märchen wie dem von *ʿAbdallāh dem Landbewohner und ʿAbdallāh dem Meermann* könnte man eine Tierfabel über religiöse Heuchelei wie die *Vom Igel und seinem Weib* entgegensetzen, die von rationaler Verdichtung und intellektueller Reflexion zeugt. Im langen Märchenroman über *Hasan von Basra* sucht der Held in treuer monogamer Gattenliebe nach seiner ihm entflogenen Frau, einer Geisterprinzessin. König *Kamar ez-Zamān* erfreut sich im nach ihm benannten Märchen in schöner Selbstverständlichkeit seines vom islamischen Recht gestatteten doppelten Eheglücks:

> *Und er herrschte, gepriesen von seinen Untertanen, und lebte mit seinen beiden Gattinnen in Glück und Seligkeit, in Treue und Fröhlichkeit, indem er abwechselnd je eine Nacht bei jeder verbrachte* (Li II, 468).

Frivolität gibt es in vielerlei Form, in den frechen Anekdoten etwa, in denen zwei, beziehungsweise drei Sklavinnen
in einem an religiöser Gelehrsamkeit orientierten Disput,
diese persiflierend, sich um einen bestimmten Körperteil
des Kalifen Harūn er-Raschīd rangeln (Li III, 437 f.), aber
auch in der derben homoerotischen Anekdote über den –
für seine Knabenliebe bekannten – *Dichter Abu Nuwās mit
den drei Knaben* und ihren Gedichteinlagen (Li III, 417–23).
Keuschheit und Weltentsagung dagegen predigen Anekdoten wie die *vom König und der tugendhaften Frau* (Li III,
528 f.), *vom frommen Mann unter den Kindern Israel* (Li III,
706–11). Im Märchen *von Ardeschīr und Hajāt en-Nufūs*
werden glaubwürdig aristokratische Gesinnung und höfische Pracht dargestellt. Gaunergeschichten oder -mär-
chen wie die *von der listigen Dalīla* oder *ʿAlī Zaibak,* auch
das Märchen vom verschwenderischen *Schuhflicker Maʿrūf*
haben Helden aus dem Volk, die mehr oder weniger
mühelos soziale Schranken überspringen.

In einen Rahmen, von dem wir wissen, daß seine
Grundform im 3. Jahrhundert in Indien bekannt war,
wurden erst im Iran, dann im benachbarten Irak, vorwiegend in Bagdad, später in Kairo, Geschichten verschiedener Herkunft, Länge und Gattung, unterschiedlichen
Alters, auch widersprüchlicher ethischer Aussagen gefügt
– alles, einschließlich des Rahmens –, wiederum variiert in
den verschiedenen Rezensionen der Sammlung. Altorien-
talische Motive etwa enthält das Mythenmärchen *von
Bulūkija,* indische gibt es vielfältig, etwa in *Hasan von
Basra,* in den Geschichten *von der Tücke der Weiber.* Das
reizvolle Zaubermärchen *vom Ebenholzpferd* läßt in älteren, besseren Fassungen seine persische Herkunft viel
deutlicher erkennen als in der eher »zerzählten« K/Li-
Form. Späte ägyptische Märchen wie das von *ʿAlī aus
Kairo* können Bagdader Motive verarbeiten, abwandeln.
Die Ritterromane von *ʿOmar ibn en-Nuʿmān* und *ʿAdschīb
und Gharīb* repräsentieren eine Gattung des arabischen
Volksromans. Streiche aus einem längeren ägyptischen

volkstümlichen Schelmenroman reiht die Gaunerge-schichte *von der listigen Dalīla*. An Diebs- und Schelmen-stücken mit der dominierenden Moral »Diebeswitz schlägt Obrigkeitskorruption« oder auch »Weiberlist besiegt Männertücke« hatte vor allem das Volk in Ägyp-ten seine Freude. Aus der Adab-Literatur stammen viele Anekdoten oder novellenähnliche Stücke. Ihr wurde sicher auch *Die Geschichte von der Sklavin Tawaddud* ent-nommen, die in einem gelehrten Dialog, umgeben von einem reizvollen Rahmen, Aufschluß gibt über arabisch-islamische Wissenschaften im Mittelalter. Die Rangstreit-dichtung, der der frivole Disput der drei Sklavinnen auf dem Lager mit Harūn er-Raschīd nachgebildet ist, war ebenfalls eine beliebte Gattung der Adab-Literatur. Histo-riographien mögen die Wunderberichte über *die Säulen-stadt Iram* und *die Stadt Lepta* entnommen sein. Die Gewährsmännerketten, der für die Adab-Literatur meist unerläßliche Authentizitätsbeweis, sind jedoch weggefal-len. Jüdische Erbauungsgeschichten enthält vor allem der 3. Band, die lehrhaften Tierfabeln sind wohl ebenfalls indischer Herkunft. Der Einfluß des griechischen Trivial-romans wird etwa im langen Liebesroman *von el-Ward fil-Akmām und Uns el-Wudschūd* deutlich.

Doch wie wurden die Geschichten aneinandergereiht? Gab es, wie MIA GERHARDT in ihrem Buch *The Art of Story-telling* (1963) vermutet, einen bewußten künstlerischen A u f b a u ? Das ist schon deswegen unwahrscheinlich, weil einem bewußt gestaltenden Rezensenten wohl kaum Dubletten unterlaufen wären, wie sie K in einigen Anek-doten und besonders in den beiden langen Liebesmärchen *von Ardeschīr und Hajāt en-Nufūs* einerseits, *Tādsch el-Mulūk und der Herrin Dunja* andererseits enthält, in gewis-ser Weise auch in *Dschanschāh* und *Saif el-Mulūk*.

Den ersten fünf, dem einleitenden Rahmen folgenden Geschichten ist das Loskauf-Motiv gemeinsam, auf dem auch der Rahmen beruht. Jemand erzählt einem mächtige-rem – im Rahmen Schehrezād dem grausamen König

Schehrijār, in den folgenden Märchen Männer einem bösen Geist – eine oder mehrere Geschichten, um sein eigenes Leben oder das eines anderen zu retten. Wenn man den Bestand verschiedener Tausendundeine-Nacht-Handschriften miteinander vergleicht, könnte man mit H. und S. GROTZFELD (1984) annehmen, daß auf die Loskauf-Geschichten ein Block mit Liebesgeschichten folgte, in den später der Ritterroman *von 'Omar ibn en-Nu'mān* eingeschoben wurde, nämlich zu der Zeit, als man die Zahl 1001 ernstzunehmen begann und die Nächte füllen wollte. Warum aber an diesen die Tierfabeln gefügt wurden, ist nicht zu erkennen. An sie schließt sich die Liebesgeschichte *von 'Alī ibn Bakkār und Schams en-Nahār,* die in der Gallandschen Handschrift auf den *Buckligen-Zyklus* folgt, vielleicht als Beginn eines Blocks mit Liebesgeschichten. Inhaltliche Zusammenhänge sind vor allem bei den Anekdoten im dritten Band erkennbar. Da gibt es Geschichten über *Männer der Großmut* und solche über *Liebende,* die möglicherweise en bloc aus entsprechenden Anthologien übernommen wurden. Kurz: es scheint keinen künstlerischen Gesamtplan für das Werk gegeben zu haben. Und so folgt Littmann im Grunde dem Prinzip der arabischen Rezensenten, wenn er etwa an die beiden langen Geschichten *Von der listigen Dalīla* und *'Alī Zaibak* die Serie *der 16 Wachhauptleute* aus einer anderen Handschrift fügt, enthält sie doch ebenfalls größtenteils Gaunergeschichten.

Die E r z ä h l w e i s e ist bei der heterogenen Zusammensetzung der Sammlung unterschiedlich. Geschichten wie die *vom Prinzen Ahmed und der Fee Perī Banū* oder *vom nächtlichen Abenteuer des Kalifen* sind zu Buchmärchen geworden. Littmann übersetzt hier BURTON, der einer Hindustani-Orientalisierung der Gallandschen Übersetzung sein *Handzeichen* aufdrückte. Ansonsten aber haben sich in Tausendundeiner Nacht durch die Jahrhunderte immer wieder mündliche und schriftliche Erzähltraditionen überlagert. Schon vor der Zeit des Bagdader Bibliographen IBN EN-NADĪM werden die höfischen Nachterzähler ihr Repertoire (auch) aus einem Teil der Bücher bezogen haben, die er in seinem 8. Kapitel aufzählt, und sie ihren eigenen Fähigkeiten und den Erwartungen ihres Publikums entsprechend geformt haben. Später änderte sich die Erzählsituation. Die Geschichten aus Tausendundeiner Nacht, so wie sie uns in arabischen Texten vorliegen, gehörten zum Unterhaltungsprogramm männlicher Berufserzähler für ein männliches Publikum aus den städtischen Mittelschichten – Frauen, jedenfalls jüngere, waren im mittelalterlichen Islam von der Öffentlichkeit weitgehend ausgeschlossen. Daß es in den Städten, ähnlich anderen Berufsgruppen, Erzählerzünfte gab – die am unteren Ende der Zunfthierarchie rangierten –, ist für Ägypten und die Türkei vom 15. Jahrhundert an schriftlich bezeugt. Doch dürften die Traditionen weiter zurückreichen. Die mittelarabischen Handschriften der Alf Laila wa-Laila lassen darauf schließen, daß ein größerer Teil der Erzähler zwar nicht das Hocharabische, die Literatursprache der Gebildeten, beherrschte, wohl aber lesen konnte. Darüber hinaus könnte man annehmen, daß es innerhalb der Erzählerzünfte Vorleser gab, die dafür sorgten, daß den Mitgliedern der Stoff nicht ausging und ihnen aus der Adab-Literatur Ergänzungen und Anregungen boten. So schimmern die Spuren der blühenden mittelalterlichen arabischen-islamischen Stadtkultur, ihre Freude am Luxus, ebenso durch wie die höfische Prachtentfaltung in der Hochblüte des Islams.

Ein flüchtiger Vergleich der *Geschichte des Küchenverwalters* im *Buckligen-Zyklus* mit ihrer literarischen Urform in der *Ende-gut-alles-gut*-Sammlung des Bagdader Richters et-TANŪCHI aus dem 10. Jahrhundert zeigt, daß sie dort viel straffer geboten wird, ohne Reimprosaklischees, glaubwürdiger in Zahlen, realistischer auch in anderen Details, außerdem in der Zeit des Kalifen el-Muktadir und seiner Mutter Schaghab spielend. Die Anekdoten, Fabeln und Legenden im Mittelteil der ägyptischen Rezension sind sicher später eingefügt worden als diese Geschichte. Dem Begriff der *einfachen Formen* kommen sie näher als die längeren Märchen, Liebesromane und -novellen.

Das Standardprinzip der Märchen (nach V. PROPP) wie auch das der *Ende-gut-alles-gut*-Geschichten, daß nämlich eine Mangelsituation zu Beginn zum Schluß glücklich behoben ist, im Märchen mit Hilfe von Zauberelementen, wird in den Märchen von Tausendundeiner Nacht zu kunstvollen Mustern arabeskenreich variiert. Wohl wird chronologisch erzählt, doch geht die Handlung oft in Kurven unmittelbar am Happy-End vorbei in erneute Gefahr, andere, problematischere Mängel. Weitere Handlungsstränge kreuzen, scheinen sich mitunter zu verwirrenden Linien zu schlingen. Schließlich aber werden alle Stränge zu einem glücklichen Ende geordnet. Häufig, nicht immer, trifft zu, was T. TODOROV in seinem Essay über *die Erzähl-Menschen* von den Märchen von Tausendundeiner Nacht gesagt hat. Nicht, daß der Held als Charakter psychologisch glaubwürdig ist, spielt eine Rolle. Wichtig sind die bunten Abenteuer, in die er gezogen wird. Typisch dafür ist Prinz Badr in der *Geschichte von Dschullanār, der Meermaid,* ein Gegenbeispiel allerdings der Prinz in der *Geschichte vom Ebenholzpferd.*

Vom europäischen Volksmärchen hat man gesagt, seine Länge hätte die Erzählzeit eines Abends nicht überschreiten dürfen. In Tausendundeiner Nacht kann man, wie schon Littmann, von Märchenromanen oder -novellen sprechen – Romane oder Novellen einfach im Sinn größerer Erzähleinheiten. Offenbar fand sich das Publikum Abende hintereinander zusammen, und ähnlich wie bei Fernsehserien oder Fortsetzungsromanen in Illustrierten kam es vor allem darauf an, jeden Teil mit einer gehörigen Anzahl von Sensationen zu spicken. Die Handlung ist oft so verwickelt, daß man sich, ist man endlich zum Schluß gelangt, an den Anfang nur mühsam erinnern kann. Und das ging den Erzählern offenbar ähnlich. *Dschanschāh* im gleichnamigen Märchen etwa verheiratet sich aus purer

Vergeßlichkeit des Erzählers insgesamt dreimal mit derselben Frau, vielleicht weil dann auch dreimal gefeiert
werden kann (Li IV, 36, 65 f., 71). Dabei ist es durchaus
möglich, daß in einer anderen Fassung der Geschichte,
von einem konzentrierteren Erzähler, nur die eine Hochzeit stattfindet, die für den Gang der Handlung nötig ist.

Der Erzähler meldet sich zu Wort, wenn er sein Publikum von einem Handlungsstrang zu anderen dirigie-
ren will: *Wenden wir uns nun . . . zu!* Und wenn bei der be-
häbigen Darstellungsweise doch einmal gerafft wird,
geschieht das mit einer Formel in Reimprosa *mā fil-i'āda
ifāda,* wörtlich *In der Wiederholung liegt kein Nutzen.* Littmann gibt das arabische Stereotyp auch im Deutschen
gereimt wieder: *Doch noch einmal erzählen, würde die Hörer
nur quälen.*

Aus dem ursprünglich mündlichen Vortrag ergeben
sich Besonderheiten im Erzählstil, die sich auch durch die
zweifache Brechung – Aufzeichnung in Handschriften,
Schönung für die Drucke – erhalten haben. Bei den
Geschichten, für die ein arabischer Text vorliegt, mit Ausnahme der *Alā ed-Dīn-Geschichte,* fällt die »szenische Dar-
bietung« oder »Dramatisierung«, das heißt, der relativ
starke Anteil an Dialogen und Monologen, auf. Gedanken, Reflexionen der Protagonisten werden fast nie
berichtet, sondern in Ich-Form, im Monolog, seltener im
Selbstgespräch, in der zweiten Person, dargeboten. Bei
oraler Literatur gibt die Verlagerung von Handlung und
Reflexionen in Dialoge oder Monologe dem Hörer wie
dem Erzähler die Möglichkeit der Identifikation, des
unmittelbaren Mit(er)lebens. Ganz deutlich wird das da,
wo der Erzähler an Stellen, die ihm offenbar besonders
reizvoll, spannungsgeladen erscheinen, in die Person des
Helden schlüpft, aus dem Er-Bericht in die Ich-Erzählung
verfällt, mehrfach etwa und an unterschiedlichen Stellen
in den verschiedenen Fassungen im zweiten Teil der
Geschichte von Dschullanār, der Meermaid.

Die Selbstgespräche der Helden gestatten durchaus

auch einen gewissen Einblick in ihr Innenleben. Zwar wird, wie im europäischen Märchen, fast nie über körperliche Schmerzen geklagt oder von ihnen berichtet, doch Selbstzweifel, Selbstanklagen, sogar bei dem Helden einer Abenteuergeschichte wie *Sindbad dem Seefahrer,* lassen den späteren Erfolg um so glänzender hervortreten.

Auch daß so selten kommentiert, gewertet, rational begründet, kausal übergeleitet wird, könnte dem ursprünglich mündlichen Vortrag zuzuschreiben sein. Europäische Übersetzer, angefangen bei GALLAND, haben, wie oben dargelegt wurde, das nachgeholt. Sie wollten schließlich *der Lesewelt* Literatur vorlegen, ähnlich der, die sie gewohnt war, Literatur, die über das geschriebene Wort zuerst den Verstand anspricht, dann erst das Gefühl. Die Erzähler dagegen brachten ihre Stimmodulation, Mimik und Gestik ein. Sie hatten unmittelbaren Kontakt mit ihrem Publikum, ließen sich wohl von ihm beeinflussen, anregen, improvisierten, wie man es heute noch bei Schauspielern auf arabischen Bühnen beobachten kann. ZINSERLING fügt zur Vorrede Hammers eine Bemerkung aus einer Reisebeschreibung über Ägypten von (D. V.) DENON, aus der hervorgeht, daß zu jener Zeit (um 1800) Geschichten den Hörern von mehreren Erzählern mit verteilten Rollen vorgetragen wurden:

> *einer hat den empfindsamen oder verliebten Theil, von einem anderen werden die fürchterlichen Gegenstände dargestellt, ein dritter hat Lachen erregt; kurz, dieß ist ein Schauspiel* (HP I, XXIII),

ein Volksschauspiel jedenfalls. Ein Theater in unserem Sinn hat sich in den arabischen Ländern erst durch europäischen Einfluß entwickelt.

Die Sprache in ihrer B i l d h a f t i g k e i t geht ebenfalls von der unmittelbaren Anschauung aus, wendet sich an das eidetische Vorstellungsvermögen. Das europäische Volksmärchen setzt gleichfalls gern an die Stelle abstrahierender Adjektive ein Bild, drückt die Stärke von Gefühlen, Eindrücken durch ihre Wirkung aus. Im Arabischen ist das auch in der »hohen« Literatur seit altersher üblich. Beispiele aus der Sammlung ließen sich zahllos finden, etwa in der *Geschichte vom Neider und dem Beneideten:*

Dann riß er (der Dämon) mich vom Boden und flog mit mir in die Luft, bis ich die Erde nur noch wie eine Schüssel inmitten des Wassers sah (Li I, 147).

Die mittelalterliche islamische Vorstellung von der Erde als einer von Wassermassen umgebenen Fläche schimmert durch. Hier wird nicht rational verdichtet, hier herrscht eine naive, überschwengliche Freude an Expressivität, die bis ins ungeheuer Sentimentale (für unsere Begriffe) wie bis ins Drollige, Derbdrastische gehen kann. Kalifen, Wesire und Haremsdamen lachen nicht nur immer wieder, *bis sie auf den Rücken fallen* – die deutsche Umgangssprache kennt das *Sich-vor-Lachen-Kullern* –, da heißt es: *Der Wesir weinte, bis seine Zähren wie Bäche flossen* (Li I, 760), im Original ist das gereimt. Dem Prinzen Scharkān traten *die Augen aus dem Kopf, und seine Wangen wurden rot* (Li I, 543) – wir würden ergänzen »vor Zorn«. Es gibt nicht nur den »Schönheitsschock«, das vor übermächtiger Bewunderung einer großen Schönheit In-Ohnmacht-Fallen. Ohnmächtig wird man hier auch, weil man von einem Gedicht, einem Lied, meist über die Schmerzen ungestillter Liebe, beeindruckt ist, aber ebenfalls vor Schreck, Freude und Kummer. Die Definition des jeweiligen Gefühls bleibt dem Leser überlassen, der danach fragt.

In vielfältiger Weise werden Emotionen durch »Körpersprache« anschaulich. Das übergroße Staunen des Fischers, der nach all den schrecklichen Erlebnissen mit dem Dämon schließlich vom König die für ihn unvorstellbare Summe von 400 Dinar für die farbigen Fische erhalten hat, zu deren Fang ihm der Dämon verhalf, wird nicht dürr konstatiert. Es zeigt sich darin, daß der Fischer stolpert, hinfällt, stolpert, hinfällt. Nicht nur der einfältige Fischer in Tausendundeiner Nacht näßt sich die

Kleider (aus Furcht vor dem Dämon), der Wesir oder der Kaufmann berichten davon in Adab-Anekdoten, um ihre Angst vor dem zornigen Kalifen zu verdeutlichen.

In der Tierfabel – auch in Adab-Anekdoten – werden Gefühle zusätzlich zu ihrer körperlichen Verbildlichung auch benannt: *Wie der Wolf diese Worte des Fuchses hörte, biß er sich vor Reue in die Vorderpfoten* (Li II, 261). Daß menschliche Verhaltensweisen in Tiere projiziert werden, ist der Tierfabel generell eigen, und dazu gehört ein stärkeres Abstrahieren.

Durch gegenständliche Bilder und Vergleiche wird vor allem Häßlichkeit, Schreckliches »faßbar«. An eine überdimensionale Kinderzeichnung erinnert die Beschreibung des Dämons im Märchen *vom Neider und dem Beneideten: Er hatte Hände wie Worfschaufeln, Beine wie Schiffsmasten und Augen wie Feuerbrände* (Li I, 153).

R e i m p r o s a, im Deutschen kaum üblich, ist im Arabischen seit etwa 900 beliebtes Stilmittel künstlerisch anspruchsvoller Prosa. Schon die altarabischen Wahrsager nutzten sie, um ihre Worte wirkungsvoll zu setzen. Der Koran verwendet sie, und um die Mitte des 9. Jahrhunderts wurde sie zunächst in Predigten üblich. Dann drang sie auch in die offizielle Hofkorrespondenz wie später in private von Höflingen und Literaten ein. Die Literaturgattung, die in den Augen gebildeter Araber Sprachkunst – nach der Poesie – am vollendetsten verkörpert, die *Makāme, die Bettleransprache,* begründet von el-HAMADHĀNI (969–1008) mit dem Beinamen »Das Wunder der Zeit«, flicht in klingende Reimprosa Poesie. Zu reimender Sprachspielerei bietet sich das Arabische geradezu an, so durch Personalsuffixe, wo das Deutsche Possessivpronomina hat, durch gleiche Verb- wie Nominalendungen, durch Wortbildungen nach jeweils gleichen Mustern. Littmann hat sich bemüht, die arabische Reimprosa im Deutschen weitgehend nachzubilden, obwohl das hier weder leicht noch eingebürgertes Stilmittel ist. Doch so erst werden das rhetorische Rankenwerk, die Stereotype, deutlich.

Weibliche Schönheit wird oft formelhaft auf *ihre Schönheit und Lieblichkeit, ihres Wuchses Ebenmäßigkeit* typisiert. Meist gehen aber die Bilder von Schönheit, weiblicher wie männlicher, auch die von Städten, Palästen, Gärten, Pferden, Morgen- und Abendstimmungen, Bilder all dessen, woran das Herz des arabischen Städters im Mittelalter hing, sehr viel mehr ins Detail. Die Erzähler schwelgen in langen metaphorischen und selbstverständlich gereimten Beschreibungen. Im Märchen *von Kamar ez-Zamān* läßt der Dämon Dahnasch die schöne Prinzessin Budūr von Kopf bis Fuß in Vergleichen vor dem Leser/Hörer erscheinen, nicht ohne vorher zu kokettieren: *Ich kann sie dir nicht beschreiben; denn meine Zunge vermag sie nicht so zu schildern, wie es sich gebührt.* Und so versucht er, *der Wahrheit nahezukommen:*

Ihr Haar ist dunkel wie die Nächte des Scheidens und Voneinandergehens, ihr Antlitz ist hell wie die Tage des seligen Wiedersehens; . . . ihre Nase ist wie des gefegten Schwertes Schneide; ihre Wangen sind wie Purpurwein, ja wie rote Anemonen sind sie beide. Ihre Lippen scheinen Korallen und Karneole zu sein; der Tau ihres Mundes ist lieblicher als alter Wein, und sein Geschmack löscht die Feuerpein. Ihre Zunge bewegt ein reichlicher Verstand; stets ist ihr eine Antwort zur Hand. Ihr Busen berückt einen jeden, der ihn erblickt – Preis ihm, der ihn geschaffen und gebildet hat! . . . Und sie hat zwei Brüste wie Kästchen aus Elfenbein, von dem Sonne und Mond ihr Licht entleihn; und einen Leib mit Falten so zart wie ein koptisches Gewebe von ägyptischer Art, gewirkt mit einer Faltenzier gleich dem gekräuselten Papier. . . (Li II, 368–70),

und so weiter, mit Verseinlagen, insgesamt über mehr als eine Seite. Das abschließende *Ich habe meine Beschreibung kurz gemacht, weil ich fürchte, sie würde sonst zu lange dauern,* empfindet wohl nicht nur der europäische Leser als Ironie. Im Vergleich zum europäischen Märchen, das seine Helden meist schlicht »schön« nennt, wirkt das wie eine Individualisierung. Doch die Vergleiche sind ebenso typisiert, wie auch die Wertschätzung der Wortgewandtheit, vor allem bei Frauen, und der Dank an Allah als den Schöpfer solch vollendeter Augen- und Ohrenweide sich wiederholen. Und das Schönheitsideal für junge Männer, zwar nicht mit Fältchen am Bauch als geschätztem Zeichen üppiger Fülle, aber mit runden Hüften und wiegendem Gang, ist ähnlich (z. B. Li I, 201).

Doch nicht nur Schönheit, auch Häßlichkeit wird in Reimen beschrieben und bekommt dann oft durch das, was als Vergleich herangezogen wird, einen Stich ins Parodistische, so beim Räuber Ahmed el-Ghadbān, »Ahmed der Wüterich«, in der Ali-Baba-Geschichte:

> Das war ein Mann von langem Leib mit einem dicken Schädel daran, von furchtbarem Gesichte und einem Ruf voll übler Berichte, von dunkler Farbe und gräßlicher Gestalt; er hatte einen Schnauz-bart wie ein Kater, der auf Mäusejagd geht, und einen Kinnbart wie ein Ziegenbock, der zwischen den Geißen und Lämmern steht (Li II, 818).

Briefe entsprechen in ihrer meist gereimten Sprache ebenso dem offiziellen Standard, wie man, an diesem orientiert, seine Anliegen an Allah wie an Herrscher in Reimen vorbringt. Nahezu alles, was wirken soll, wird in Prosareime gesetzt: Flüche, Schwüre, Beschwörungen, selbst solche der bösen Feueranbeter, Wünsche wie Dank-sagungen, Beschreibungen von Glück wie von Kummer.

Doch hatte Reimprosa gerade beim mündlichen Vor-trag vermutlich ihre besondere Funktion: die Sprach-rhythmen mögen Erzähler und Publikum enger zusam-mengeschlossen haben, vielleicht in rhythmischen Kör-perbewegungen. Wahrscheinlich erwartete das Publikum diese tänzerische Wortakrobatik vertrauter Reime und Reimbilder, geführt, verführt vom Spieltrieb der Sprache, den das Arabische so reich kultiviert hat. Dem deutschen, wie jedem anderen europäischen, mehr an action orientier-ten Leser mögen sie eher als retardierende Elemente er-scheinen.

Von der Gattung wie vom Inhalt der Geschichten hängt ab, ob V e r s e in sie eingeflochten sind und wie viele. In kurzen Schwänken fehlen sie ganz. Aber fast immer da, wo es um Liebe, schöne Sklavinnen, auch schöne junge

Männer geht, vor allem dann, wenn die glücklich oder unglücklich Verliebten sich an Wein berauschen, schwelgt man in Poesie. Hier werden Genrebilder gemalt, werden genüßlich Liebesfreud wie Liebesleid ausgekostet. Als der listige Wesir den *Schuhflicker Ma'rūf* dazu bringen will, die Wahrheit über sich auszuplaudern, verführt er ihn zum Weintrinken und rezitiert, um ihn zu animieren, ein Weingedicht nach dem anderen. Hier werden sogar Namen von Dichtern genannt: ABU NUWĀS (gest. um 805) und IBN EL-MU'TAZZ, ein Abbasidenprinz, der 908 ermordet wurde. In die meisten Geschichten wurden solche Verseinlagen da von den Erzählern eingeflochten, wo sie sie für angebracht hielten. Es ist anzunehmen, daß diese Gedichte Anthologien entnommen wurden und zum Repertoire der Erzähler gehörten. Die hochsprachliche Form wurde erhalten, da man sich die Gedichte so eingeprägt hatte, doch weisen die Handschriften orthographische Fehler auf. Die Gedichte stammen größerenteils aus dem 9. bis 12. Jahrhundert. Sie zeugen davon, daß die Konsumenten der Geschichten Gefallen hatten am behaglichen Verweilen, am Ausmalen all dessen, was sie schön fanden, an poetisch formulierten Lebensweisheiten bis hin zu Binsenwahrheiten und langen gefühlvollen Ergüssen, seltener an Spott und Parodie auf poetische Tradition wie der Karikatur einer altarabischen Kasside in der *Geschichte vom Neider und dem Beneideten* (Li I, 151). *Ma'rūf, dem Schuhflicker,* der mit einer wahren Xantippe von Eheweib heimgesucht ist, wird ein Schmähgedicht in den Mund gelegt, das im Arabischen beginnt wie ein zartes Liebesgedicht:

Wie manche Nacht verbrachte ich bei meiner Gattin!
Doch was ich da erlebte, das war schauderhaft.
Hätt ich doch in der Hochzeitsnacht zum Gift gegriffen
und sie dann mit dem Gifte aus der Welt geschafft!
(Li VI, 564 = K IV, 677)

Das Gedicht steigert die tragikomische Situation des Schuhflickers. In den Abenteuerroman *von Sindbad dem*

Seefahrer sind in K recht geschickt zwei Gedichte eingefügt, in die erste und in die sechste Reise, die der
Geschichte eine rationale wie emotionale Vertiefung
geben, fast ein Fazit ziehen. Es handelt sich also bei den
Gedichten nicht immer nur um reine Arabesken. Manche
Anekdoten und kürzere Geschichten, die der Adab-Literatur entstammen, scheinen eigens um die Gedichte her-
umkomponiert, etwa die Anekdote über den Dichter
Di'bil el-Chuzā'i (Li III, 536–38) oder die *Geschichte von
dem Mann aus Jemen und seinen sechs Sklavinnen* (Li III,
276–93). Sie lassen erkennen, wie unlösbar Sprachkunst
in die arabische mittelalterliche höfisch/städtische Kultur
verwoben war. Zu den von den Spitzen der Gesellschaft
hochgeschätzten Fähigkeiten gebildeter Sklavinnen
gehörte, daß sie auf improvisierte Verse gleichfalls impro-
visierend im selben Reim und Metrum zu antworten
wußten. Es wurden Pingpongspiele in Poesie ausgetra-
gen. Aus solchen Wurzeln erwuchsen die Verseinlagen in
den Märchen aus Tausendundeiner Nacht. Im übrigen
zeigt schon die Tatsache, daß die Handschriften und
Drucke oft unterschiedliche Verse an unterschiedlichen
Stellen einsetzen, daß es Ausgaben mit relativ viel und solche mit weniger Poesie gibt, daß es sich hier zumeist um
spätere Einschübe handelt, auch um Versatzstücke.

Vielfältiger und auch kunstvoller als im deutschen
Volksmärchen sind die A n f a n g s - u n d S c h l u ß -
f o r m e l n vor allem der Märchen in Tausendundeiner
Nacht, aber auch im arabischen Volksmärchen. Anfangs-
formeln legen – wie das deutsche *Es war einmal* – die
Handlung in eine unbestimmte, längst vergangene Zeit
zurück, aber in Reimstilisierungen:

*Es ist mir berichtet worden, o glücklicher König, daß in alter Zeit
und längst verschollener Vergangenheit... – balaghani ajjuha l-
malik es-sa'īd annahu kān fi kadīm ez-zamān wa-sālif el-asr wal-
awān...*

Zusätzlich kann der Name eines Helden, eines Ortes, einer Gegend, Chorasān etwa, an den Reim dieser Anfangsformel gebunden werden.

Schlußformeln geben Auskunft über volkstümliche Glücksvorstellungen:

> *Und König Badr lebte mit der Sklavin und seiner Mutter, seiner Familie und seinen Verwandten, sie aßen und tranken, bis Der zu ihnen kam, der die Freuden schweigen heißt und Der die Freundesbande zerreißt* (M I, 532).

So der Schluß des Märchens von *Dschullanār, der Meermaid* in M. K hat die Freuden über das Essen und Trinken hinaus erweitert: *. . . und nun lebten sie herrlich und in Freuden, sie aßen und tranken und genossen alle Wonnen, bis Der zu ihnen kam . . .* (Li V, 152). Während das deutsche Volksmärchen mit seinem *. . . und wenn sie nicht gestorben sind, so leben sie noch heute* sich spielerisch über den Tod hinwegzusetzen sucht, gleichsam die »Legende vom Glück ohne Ende« malt, fehlt hier der Hinweis auf den Tod als den *Zerstörer aller Freuden, der die Freundesbande zerreißt,* fast nie. Vielleicht ist es dieses Lebensgefühl, das ganz bewußt den schönen Augenblick verweilen, das Muße genießen läßt? Gerade bei den frömmeren ägyptischen Märchen kann der Gedanke an den Tod auch das Gotteslob des Muslims einschließen:

> *Preis sei Ihm, der nie dem Tod verfällt, dem Herrn der sichtbaren und unsichtbaren Welt, der über alle Dinge mächtig ist, seinen Dienern Huld gewährt und um sie weiß zu jeglicher Frist* (Li VI, 212).

Manchmal verdichtet sich der Traum vom Glück konkret zu Reichtum und sozialem Aufstieg so, daß der Held Tischgenosse des Beherrschers der Gläubigen wird. Aber schon, daß die Geschichte aufgeschrieben, vielleicht sogar mit goldener Tinte, und dann in der königlichen Schatzkammer aufbewahrt wird, kann Glück genug sein, oder doch Teil des Glücks. Schriftliche Aufzeichnung wird elitär, wo Lesen- und Schreibenkönnen ein Bildungsprivileg ist, und verheißt zudem Ephemerem Dauer.

Anekdoten haben öfter einen resümierend wertenden Schluß: *Und dies ist die seltsamste Geschichte von den Liebenden, die ich je gehört habe* (Li III, 546). Ähnlich ist es mit Gaunergeschichten, und auch hier wird variiert: *Nachdem die Gesellschaft diese Geschichte vernommen hatte, sprach sie ihre größte Verwunderung darüber aus* (Li IV, 784). Dem Publikum wird so das Werturteil suggeriert.

Im Unterschied zum deutschen Märchen, dessen Helden allenfalls N a m e n tragen, die ihre Rolle irgendwie kennzeichnen – Aschenputtel, Däumling, Dornröschen – haben die Helden in Tausendundeiner Nacht, wie im arabischen Volksmärchen, fast durchgängig reale Namen. Bei näherem Hinsehen zeigen sich gattungsspezifische Differenzierungen, und auch hier gibt es Reimspiele – wie im übrigen bei der Namenwahl innerhalb der Familien teilweise bis heute.

In Märchen tragen Helden, vor allem aus der Hofszene, Namen mit ausgesprochen schöner Bedeutung wie die Wesire Nūr ed-Dīn *Das Licht der Religion* und Badr ed-Dīn *Der Mond der Religion,* Kamar ez-Zamān *Der Mond der Zeit.* Der Mond als Quelle milden Lichts in kühlen Nächten, die nach heißen Tagen Erquickung bringen, ist beliebtes Bild männlicher wie weiblicher Schönheit in der arabischen Dichtung. Er erscheint auch in anderen Namen, Badr etwa oder Budūr. Doch gibt es daneben auch Schams en-Nahār *Die Sonne des Tages* als Bild der Schönheit, oder Enīs el-Dschelīs *Vertraute Gesellschafterin.* Solche Namen, die im arabischen Hörer oder Leser sofort angenehme Vorstellungen wecken, gab es tatsächlich. Bei Frauen waren es zunächst meist Sklavinnen, die sie trugen, als gutes Omen für ihre Besitzer. Das zeigt, welche Bedeutung man Namen beimaß. Bei einigen älteren Märchen hat man den Eindruck, daß die Namen der männlichen Helden lediglich aus Reimgründen zu denen ihrer Partnerinnen gewählt wurden, so bei ʿAlī ibn Bakkār zu Schams en-Nahār. Daß sich im Arabischen nicht nur der Name des Königs Armanūs auf den schönen seiner Toch ter Hajāt en-Nufūs *Das Leben der Seelen* reimt, sondern auch auf den seines Reiches, der Ebenholzinseln, Medīnat el-Abnūs, ist der deutschen Übersetzung nicht anzumerken, zeigt aber, wie auch Ortsnamen ausgewählt wurden: um des Wohlklanges willen. Märchenhelden aus dem Volk haben meist Allerweltsnamen wie Maʿrūf, der Schuhflicker, und sein Weib, Fātima, das Scheusal. Solche Beinamen zu Alltagsnamen gibt es auch bei anderen Schwankgestalten wie ʿAlī Zaibak, ʿAlī *Quecksilber,* oder Dalīla el-Muhtāla, *die listige Dalīla.* Die Eunuchen Kafūr *Kampfer* und Buchait *kleiner Glücklicher* haben Namen, wie sie Eunuchen bei den Arabern bekamen. Daß die Helden in Anekdoten und Erinnerungsberichten Namen historisch bekannter Persönlichkeiten tragen, versteht sich von selbst.

Im Gegensatz zum deutschen Volksmärchen mit seinen nebulosen O r t s a n g a b e n – »hinter den Bergen, bei den sieben Zwergen« – enthalten nicht nur die Anekdoten, sondern auch die Märchen in Tausendundeiner Nacht meist reale Orts- und Ländernamen, in einigen Märchen erscheinen sogar Straßennamen. Bei näherer Untersuchung zeigt sich, daß die Angaben über Bagdad, Basra, Damaskus, Aleppo und Kairo bis ins Detail der Straßenangaben oder anderer lokaler Definitionen realistisch sind. Aber schon Samarkand in der Rahmengeschichte, Sana im Märchen *vom Ebenholzpferd* in K sind nur scheinbar konkrete Benennungen für unbekannte, ferne Gegenden, ganz zu schweigen von Indien, China oder den Inseln Wāk Wāk, hinter denen sich Japan verbergen soll.

Daß die Erzähler von Reiseabenteuern selbst nie gereist waren, wird schon daraus deutlich, daß nur selten von Verständigungsschwierigkeiten die Rede ist. Allenfalls den Affen gesteht man eine Sprache zu, die Menschen nicht ohne weiteres verständlich ist. Im Märchen *vom Ebenholzpferd* spricht in K der böse Zauberer persisch, doch der Prinz, ein ausnahmsweise namenloser im übrigen, versteht dessen Selbstanklagen (Li III, 371) und gewinnt dadurch sein Vertrauen, daß er ihn auf Persisch anspricht.

Die geographischen Vorstellungen in den Reise- und Abenteuergeschichten sind oft verschwommen. Eine verschleierte Dame, die aus einem Palasttor in Genua tritt (Li II, 636), ebenso wie die Warnung an *Nūr ed-Dīn* im Märchenroman über diesen *und Mirjam die Gürtlerin*, wenn die christliche Prinzessin mit ihren Mädchen ihn in der Kirche erblickte, würde er sofort von ihren Begleitern in Stücke gehauen, lassen erkennen, daß das Bild von Europa mehr durch die Übertragung islamischer Bräuche, auch in verzerrter Form, geprägt war als durch reale Kenntnisse.

Aus der mangelnden Bildung der Erzähler erklären sich auch andere sachliche Fehler. Oft erkennt sie nur der Fachmann. Das beginnt mit dem *König aus dem Geschlechte der Sassaniden* (also einem Perserkönig) *im Inselreich von Indien und China* auf S. 1, setzt sich fort etwa mit der Verwechslung von Omaijaden- und Abbasidenkalifen in einer Zeit, als sie für das Volk längst Legende geworden waren.

Und daß dies durchgängig Geschichten männlicher Erzähler für ein männliches Publikum sind, wird immer wieder da deutlich, wo typisch weibliche Befindlichkeiten mit absoluter Ahnungslosigkeit dargestellt werden, etwa wenn im Ritterroman *von 'Omar ibn en-Nu'mān* die Prinzessin Abrīza mit Wehen drei Tage lang reitet, im Gebärakt von einem (natürlich schwarzen) Sklaven brutal vergewaltigt wird, oder wenn es heißt:

Nun ruhte er bei seiner Frau; da empfing sie von ihm in derselben Nacht. Als dann der erste, der zweite und der dritte Monat vergangen waren, da hörte ihre Reinigung auf, und das Blut floß nicht mehr (Li II, 564).

Und daß in der Rahmenerzählung Schehrezād in Tausendundein Nächten den König nicht nur durch ihre Geschichten unterhält, von seiner Mordgier ablenkt, sondern ihm in der Frühfassung ein, später, als man die Zahl der Nächte ernst nahm, drei Kinder geboren haben soll, ohne daß er das merkte, kann kaum der Erfindungsgabe einer Frau entsprungen sein. Kinder im übrigen spielen in den Erzählungen selten eine Rolle, jedenfalls nicht als kindhafte Wesen. Auch das deutet auf männliche Erzähler. Versagt gebliebener Kinderwunsch als Ausgangsmotiv wird nur aus männlicher Sicht geschildert.

Daß Z a h l e n a n g a b e n meist nicht wörtlich zu nehmen sind, ergibt sich schon aus dem, was zur Zahl *Tausendundeins* gesagt wurde. So ist auch *tausend* hier durchgängig Symbol für eine große Zahl, *ein Monat* für eine mittlere Zeitspanne. Die Zahl vierzig ist im ganzen Vorderen Orient, bis hin nach Griechenland und auf dem Balkan eine Art magische Zahl. Sie findet sich zum Beispiel auch im islamischen Recht in der vierzigtägigen Wartezeit der geschiedenen Frau nach einer Niederkunft bis zur Wiederverheiratung, in der vierzigtägigen Trauerzeit nach einem Todesfall, darüber hinaus bei vielen Gelegenheiten. Es gibt verschiedene Theorien über die mögliche Ursache, vom altägyptischen Himmelsjahr bis zur wahrscheinlicheren der vierzigtägigen Reinigungsfrist der Wöchnerin. Parallel zur Zahl vierzig zeigt das arabische Märchen eine Vorliebe für die Zahl vier im Gegensatz zum indoeuropäischen, also auch dem persischen Märchen mit seiner Dreizahl (3 Motive, 3 Schwestern u. ä.).

Mit den Märchen aus aller Welt gemein haben die Märchen aus der Sammlung, daß Phantastisches mit realistischen Details verwoben wird – oft mit Erfahrungen aus dem Leben des einfachen Mannes. Im Märchen *von Kamar ez-Zamān* wird ein Ertrinkender so aus dem Wasser gezogen:

Darauf streckte er seine Hand aus, ergriff den Ertrinkenden beim Schopfe und zog ihn daran empor. Jener kam nun aus dem Meere heraus, in bewußtlosem Zustand, den Leib voll Wasser und mit hervorquellenden Augen (Li II, 410).

Eine solche Situation hat der Erzähler offenbar schon erlebt, ebenso wie er weiß, daß Läuse und Wanzen beim Schlafen stören und er sie deshalb die Qualen des unglücklichen Prinzen As'ad in seiner Gefängniszelle steigern läßt (Li II, 494). Manchmal sind die Details, gerade bei phantastischen Begebenheiten, besonders liebevoll. So wird in K die Prinzessin vor ihrer Luftreise auf dem *Ebenholzpferd* sorgfältig festgebunden. Der böse Magier näht dem edeleinfältigen *Hasan von Basra* in die Kuhhaut, in der ein großer Vogel ihn auf einen hohen Berg tragen soll, noch fürsorglich drei Brotfladen, damit er, wenn schon, dann doch nicht gleich verhungere.

Im übrigen kommt der i s l a m i s c h e S c h i c k - s a l s g l a u b e den Erzählern beim Schürzen der Ereignisse sehr zugute. In den Märchen in aller Welt ist es wohl so, daß Rettung wirkungsvoll dann erfolgt, wenn die Gefahr am größten, die Not am tiefsten ist. Die Logik des Märchens, daß etwa ein Schiffbrüchiger von den hohen Wogen des Meeres genau unter den Alkoven eines Palastes ans Ufer gespült wird, wo die schöne Prinzessin sehnsuchtsvoll seiner harrt, diese Märchenlogik kann der islamische Erzähler mit seinem Schicksalsglauben begründen, so wie sein Publikum sie ihm schon aus diesem Glauben heraus abnimmt. Wenn allerdings die Häufung rettender Zufälle oder glücklicher Umstände gar zu unwahrscheinlich wird, dann läßt er gelegentlich Personen der Handlung in ein gutmütiges Staunen ausbrechen, etwa wenn es am Schluß des Märchens *von Kamar ez-Zamān* zu einer gewaltigen Vereinigung aller beteiligten Könige und Prinzen mit ihren volkreichen Heeren aus fernen Ländern kommt:

> *Und als sie zusammentrafen, wunderten sie sich über all diese Ereignisse und über den Zufall, durch den sie hier an dieser Stätte vereinigt waren* (Li II, 557); wörtlich: *und darüber, wie sie an dieser Stelle zusammentrafen* (K II; 62).

Das abstrahierende *Zufall* stammt also von Littmann. Man hat den Eindruck, der Erzähler wollte jedem Zweifel seiner Hörer zuvorkommen.

Vom Hintergrund der Geschichten, der reichen städtischen Kultur des islamischen Mittelalters, sprechen nicht nur die Schönheitsvergleiche. Von ihr zeugen die Orte, an denen die Geschichten vorrangig spielen: Straßen, prächtige Paläste und Schlösser, Gärten und Parks mit Vögeln und Früchten, seltener mit Blumen. Freude am Luxus spricht auch aus der Liebe zu kostbaren Gewändern, edlen Parfüms und Räucherwerk, zu auserlesenen Speisen und Getränken. Sie bestimmt die Vielfalt der Materialien, die Fülle von Gold und Juwelen, von Farben. Eine Vorliebe für bestimmte Farben, wie sie LÜTHI für das europäische Volksmärchen feststellt, scheint mir hier nicht erkennbar. Auch die »Badefreudigkeit« der meisten Protagonisten ist Zeugnis einer entwickelten Stadtkultur. Der Badbesuch zur religiös verordneten rituellen Reinigung, aber auch ganz allgemein zur Erquickung, Erholung nach Reisen, Krankheiten war ein unlöslicher Bestandteil der mittelalterlichen arabischen Kultur. Im ausgesprochen volkstümlichen Märchen *von Abu Kīr und Abu Sīr* kommen die beiden Helden in einem fernen Königreich zu großen Reichtümern und allgemeiner Popularität, weil sie der Bevölkerung das Färben von Stoffen in aller möglichen Buntheit und den Genuß des Warmbads beibringen.

Nimmt man die Märchen in ihrer Gesamtzahl, so kristallisieren sich bestimmte H e l d e n t y p e n heraus. Da ist vor allem in den Liebesmärchen der mit dem Charisma vollkommener Schönheit ausgestattete, aber ansonsten recht einfältige, hilflose junge Mann, der immer wieder in Klagen und Selbstanklagen ausbricht, dem sich die Herzen fast aller, bis auf die notorischer Bösewichte, in Mitleid zuwenden. Fast stets sind es Frauen, alte abgrundhäßliche oder auch junge verführerische, die ihm zuerst seine Situation erklären und ihm dann raten müssen, wie er aus ihr herausfindet. Klugheit scheint, wie auch anderswo in der Märchenliteratur, nicht zu den unabdingbaren Eigenschaften vieler Märchenhelden in Tausendundeiner Nacht zu gehören. Es gibt Ausnahmen wie den Prinzen in der *Geschichte vom Ebenholzpferd.*

Bei Frauen ist es anders. Von der Prinzessin über die Frau des Wesirs bis zur Kaufmannstochter, sie haben meist weit mehr Realitätssinn als die Männer ihrer Umgebung, sind klüger, einsichtiger, entscheidungsfreudiger. Ihnen allen ist aber auch eins gemeinsam: List, die sie zum Wohl oder auch Wehe ihrer männlichen Umgebung einsetzen. Prototyp der durchtriebenen Frau aus dem Volk ist die *listige Dalīla,* und in dieser Geschichte heißt es auch: *Habe ich dir nicht gesagt, daß Bagdad voller Weiber ist, die den Männern Streiche spielen?* (Li IV, 731). Und noch etwas ist jedenfalls allen jungen Frauen und Mädchen in Märchen, Schwänken und Anekdoten in Tausendundeiner Nacht gemein, der gebildeten Sklavin, die zur Hetäre ausgebildet wurde, wie der Prinzessin oder der Kaufmannstochter, wie behütet sie auch leben: sie sind sexuell aktiv. Inwieweit das nur männlichem Wunschdenken in einer Gesellschaft entsprang, in der freie Frauen jahrhundertelang von der Öffentlichkeit ausgeschlossen waren, in einer Gesellschaft auch, die mit der Jungfräulichkeit bis heute geradezu einen Kult treibt, läßt sich schwer sagen. Alte Frauen, die tatsächlich eine weit größere Bewegungsfreiheit genossen als jüngere, werden oft klischeehaft zu Kupplerinnen.

Eine weitere typisierte Gestalt in den Märchen ist der besonnene, pragmatisch denkende Wesir. Häufig steht er einem Herrscher zur Seite, der ebenso launenhaft und unberechenbar ist wie das Schicksal. Macht und sozialer Rang, so stellt es sich hier dar, beruhen nicht auf Intelligenz, sondern sind vorgegeben. Der Wesir in seiner geistigen Überlegenheit über den Kalifen hat ihm ebenso selbstverständlich untertäniger Helfer zu sein, wie es in vielen Geschichten die klügere Frau ihrem männlichen Mitspieler ist. Der eigentliche Held zeigt sich am Schluß der Geschichte, etwa in der *von der Sklavin Tawaddud,* auch in der *von Ali Baba,* an der Höhe des Lohns, der ihm zuteil wird. Das Prinzip patriarchalischer Machtstrukturen bleibt wohl in den Märchen in aller Welt unangetastet. Allerdings kann Phantasie gegen sie anspielen; kann spielend soziale Schranken wegräumen, etwa wenn bei uns der Schweinehirt, hier der Schuhflicker, die Prinzessin und mit ihr ganz selbstverständlich die Königswürde erlangt; kann sie auch in der Gegenrichtung durchlässig machen, so wenn im Märchen *von Nūr ed-Dīn und Badr ed-Dīn* Prinz Nūr ed-Dīn, ohne an prinzlicher Würde einzubüßen, für 10 Jahre Pastetenbäcker wird. Bei der Umkehr der Geschlechterrollen sind solche Spiele vielleicht Erinnerungen an ein längst vergangenes Matriarchat: die Utopie der Weiberherrschaft etwa auf den fernen Inseln Wāk Wāk im Märchenroman *von Hasan von Basra.* Sozial-, auch Moralkritik, wenn auch kaum je umstürzlerische, bringen gattungsspezifisch eher der Schwank oder die Fabel zum Ausdruck.

Es gibt das Traumbild des gerechten Herrschers, ein Märchenstereotyp des Mannes aus dem Volk:

> *Wie nun el-Malik el-Asʿad sich an jenem Tag niedergesetzt hatte, sprach er Recht und Gerechtigkeit, setzte ein und ab, erließ Gebote und Verbote, gab und spendete* (Li II, 473)

im Arabischen eine Aufzählung perfektischer (kurzer) Verbformen (auch Li II, 234, III, 233 für eine Königin).

Zur Verkörperung des patriarchalischen, sehr menschlichen und launenhaften Herrschers ist in Tausendundeiner Nacht Harūn er-Raschīd geworden, so, wie sein Wesir Dschaʿfar, der Barmekide, zum Prototyp des klugen Wesirs und seine königliche Gemahlin Zubaida zu dem der eifersüchtigen, ränkespinnenden Ehefrau in einer höfischen Haremswirtschaft wurde. An Erzählstoffen, die aus der »hohen« Literatur übernommen wurden, läßt sich nachweisen, daß die Erzähler in Tausendundeiner Nacht öfter Namen anderer Abbasidenkalifen und die ihrer

Frauen oder Mütter durch die Harūns und Zubaidas ersetzten. Tatsächlich war Harūn er-Raschīd nicht die Idealgestalt, die er in der Sammlung ist, aber seine Regierungszeit war eine der letzten glanzvollen Perioden des Abbasidenkalifats. So wurde er späteren Generationen ebenso zur Legende wie etwa im persischen Volksmärchen der Safawidenschah 'Abbās I.

Der Bauer oder eher das kluge Bauernmädchen tauchen allenfalls in Anekdoten, meist nichtarabischer Herkunft, auf. Der grobschlächtige Beduine, auch der Kurde, als Prototyp des unangenehmen Zeitgenossen gehört in den Geschichten ebenso zu den Stereotypen wie die Klischeevorstellung vom grausamen, boshaften bis bösen schwarzen Sklaven und vom niederträchtigen (persischen) Feueranbeter. Juden werden oft als raffgierig und betrügerisch dargestellt. Das Feindbild vom Christenhund spielt vor allem in der Kreuzzugszeit eine Rolle. Magier sind meist maurischer Herkunft und tückisch. Klischeebilder dieser Art gab es wohl bei fast allen Völkern, und es gibt sie – leider – vielfach bis heute.

T i e r e als Bilder für Menschen sind die Helden in den lehrhaften, meist aus Indien stammenden Fabeln. Das uns aus dem deutschen Volksmärchen geläufige Motiv des Tierhelfers kann hier ebenfalls erscheinen, etwa im Falken in der *Erzählung von dem Wesir des Königs Junān* (Li I, 56 ff.). In den Märchen ist der »Tierpark« für unsere Begriffe selbstverständlich exotischer als im europäischen Volksmärchen. Menschen können zur Strafe in Tiere verwandelt werden wie in der *Lastträger-Geschichte,* Dämonen verwandeln sich in Tiere, um sich zu retten oder mit anderen Dämonen zu kämpfen. Relativ häufig in den Märchen wie den Abenteuergeschichten sind die Affen. Tierhelfer könnte man vielleicht auch in den Schlangen im Märchen *von der Schlangenkönigin* sehen oder im Delphin im späten Märchen *von 'Abdallāh ibn Fādil.* Der allmächtige Löwe im Liebesroman *von Uns el-Wudschūd,* der schließlich aus Mitleid mit dem unglücklich Liebenden weint und ihm (wohl zum Trost) das Gesicht ableckt, gehört eher zum Topos der unglücklichen Liebe, die den Menschen bleich, mager und krank macht. Die vom Stamme jener Asra (eigentlich 'Udhra), *die da sterben, wenn sie lieben,* kommen auch in dieser Sammlung vor (Li III, 424), und das Thema wird vielfältig variiert.

Das möglicherweise christlichen Wurzeln, dem Gedanken an Erlösung durch Liebe, entspringende Motiv des Tierbräutigams, auch generell des Häßlichen, Unscheinbaren, der durch die Liebe einer Frau erlöst wird, fehlt hier ganz. Mitleid aber spielt in fast allen Märchen aus Tausendundeiner Nacht eine große Rolle, verbunden allerdings fast immer mit dem Charisma des schönen Menschen, der leiden muß. Selbst die Herzen finsterer Räuber läßt Allah Erbarmen empfinden.

Es gibt noch einige andere, im europäischen Volksmärchen häufiger erscheinende M o t i v e , oder F i g u r e n - s t e r e o t y p e , die in Tausendundeiner Nacht fehlen, das Motiv vom Gevatter Tod, von der Rückkehr aus dem Reich der Toten, das Generationenproblem, die Gestalt der bösen Schwiegermutter oder auch der Stiefmutter wie die des heiratssüchtigen Mädchens. Scharfsinns- oder Wissensproben gibt es eher bei Sklavinnen – wie in der *Geschichte von der Sklavin Tawaddud* – oder bei Wesiren als beim Märchenhelden. Wenn dieser sich einer Probe stellen muß – meist ist das eher eine Geschicklichkeitsprobe – dann hat er häufig eine weibliche Beraterin. Mutproben und Glück und Erfolg im Kampf dagegen sind beliebte Motive.

Für das Kaufmannsmilieu, dem ein gut Teil der Geschichten entstammt, spricht das relativ häufige Motiv des wohlhabenden Kaufmanns, der auf dem Sterbebett seinem Sohn kluge Ratschläge gibt, wie er sein Vermögen wahren und mehren solle, und des Sohns, der, jung, unbedacht und verführbar, das Vermögen mit »Freunden« durchbringt und, völlig verarmt, sein Mißgeschick bejammert. Oft hilft ihm dann eine kluge, weltgewandte und aufopferungsbereite Sklavin aus der Not. Auch dies ist ein beliebtes Motiv in der *Ende-gut-alles-gut*-Sammlung des Richters et-TANŪCHI und spiegelte sicher reale Verhältnisse wider.

Ein anderes, für die islamische Welt mit ihrer Kinderfreudigkeit typisches Motiv ist das des alternden Mannes, dem keine Kinder beschieden wurden. Es trifft den König ebenso wie den Wesir oder den Kaufmann, den ersteren besonders schmerzlich, wenn er zahlreiche Konkubinen sein eigen nennt. Nur die Kaufmannsfrau rebelliert, als ihr Mann ihr Vorwürfe wegen ihrer Kinderlosigkeit macht und hält ihm seinen zu dünnen Samen vor (Li II, 562). Typisch für islamische Verhältnisse mit ihrer strikten Geschlechtertrennung und dem Ausgeschlossensein der Frau vom öffentlichen Leben ist das Motiv des Sich-in-ein-Bild-Verliebens und der folgenden, keine Mühe scheuenden Suche nach dem Urbild dieser Frau – die Suchwanderung als Symbol menschlichen Glücksstrebens.

Das ebenfalls häufige Motiv der verbotenen Tür, zumeist ist es die letzte einer ganzen Anzahl von Türen, die bei Androhung strengster Strafen nicht geöffnet werden darf und es doch wird, dürfte dem allgemein menschlichen Empfinden entspringen, Verbotenes für besonders verlockend zu halten. Allen Geschichten, die dieses Motiv enthalten, ist gemeinsam, daß das Verbot von Frauen ausgesprochen wird. Zwei ganz unterschiedliche Folgen der Übertretung werden gezeichnet: In der *Geschichte des dritten Bettelmönchs* im *Lastträger-Zyklus* wie in der *von dem Mann, der nie mehr im Leben lachte* im indischen Zyklus *über die Tücke der Weiber* sind sie tragisch. In ihnen führt Verbotsverletzung als Symbol wohl für Tabuverletzung zu totalem Verlust von traumhaftem Glück und Ansehen, beim Bettelmönch zudem eines Auges, im zweiten Fall der Fähigkeit zu lachen. Beide Male ist es ein fliegendes Tier, das den Helden aus der Welt des Märchenglücks trägt. In den langen Märchenromanen über *Hasan von*

Basra und über *Dschanschāh* dagegen ist die Übertretung des Verbots Voraussetzung für den Fortgang der Handlung, die über Umwege, auch Unglück, letztlich zum Erfolg, wenn man so will, zur Selbstverwirklichung des Helden führt. Hier wie dort fühlen sich die Helden vom Schicksal unwiderruflich zu ihrem Tun gedrängt.

Alles, so nimmt man an, geschieht durch Gottes Willen. Der Mensch kann dem, was ihm vorherbestimmt ist, nicht entfliehen. So ist auch fast stets die Bereitschaft zu verzeihen da. Der Glaube, daß menschliches Tun, was immer es sein mag, von Allah vorherbestimmt ist, macht nachsichtig gegenüber eigenen Fehlern wie gegenüber denen anderer und dem Unheil, das einem durch sie zuteil wird. Über die Wechselfälle des Schicksals, denen der Mensch hilflos ausgesetzt ist, wird immer wieder in Versen geklagt. Eine Einstellung wie die in der Verseinlage der *Geschichte vom 15. Wachhauptmann* ist eine Ausnahme:

Was dir geschieht, ist dir von Gott beschieden.
Doch des Schicksals Wurzel ist dein Tun (Li IV, 818).

Es ist ein Feldhuhn, das diese Verse als didaktisches Resümee zum schlimmen Ende des grausamen Wachhauptmanns rezitiert, und die ganze Geschichte gibt dem Schwankzyklus der Wachhauptmannsgeschichten einen erbaulichen Abschluß. Wenn im Zyklus *von Dschali'ād und Wird Chān* der Mensch selbst verantwortlich ist für sein Tun, dann liegt der Grund dafür im indischen Ursprung dieser Geschichte.

Generell überzieht das, was Littmann den *islamischen Firnis* nennt, die gesamte Sammlung, in den religiösen Formeln, zu denen die Helden in Notsituationen Zuflucht nehmen, in der meist strikten Wahrung der vorgeschriebenen religiösen Rituale. Volkstümliche Heilige spielen relativ selten eine Rolle, etwa in der späten *Geschichte von 'Alā ed-Dīn Abu esch-Schamāt,* öfter aber fromme Heuchelei, vor allem bei alten Frauen.

Die islamische Moralvorstellung, die von einer Braut

Jungfräulichkeit verlangt, wenn sie nicht schon einmal verheiratet war, setzt sich fast überall durch. So nimmt der heutige mitteleuropäische Leser mit einem gewissen Staunen zur Kenntnis, daß Tādsch el-Mulūk, nachdem er seine angebetete Dunja über ein halbes Jahr lang im Schloß nachts heimlich geliebt hat, ihr, getreu den Bestimmungen des religiösen Rechts, erst nach Abschluß des Ehevertrages das Mädchentum nimmt. Wenn im langen Märchenroman *von Hasan von Basra* die ihrem Mann entflogene schöne Geisterprinzessin von ihrer Schwester bis aufs Blut ausgepeitscht und gepeinigt wird, eine ungewöhnlich grausame Behandlung für eine schöne junge Frau in der Sammlung, dann ist das nach islamischer Moralauffassung die gerechte Strafe für eine Frau, die aus eigenem Willen ihren Mann verläßt. Das Märchen *von Dschaudar und seinen Brüdern* endet nur scheinbar unglücklich. Den Sieg trägt hier nicht der Held davon, sondern der Scheich des Islams mit seiner jedem Zauberglauben feindlichen Auffassung.

Über eins allerdings setzen sich viele Märchen und Geschichten gern hinweg: das islamische Alkoholverbot. Wenn Weingenuß vor allem in den Hofszenen mit schönen Sängerinnen eine große Rolle spielt, dann entsprach das den realen Verhältnissen. Es gibt aber auch Märchen in der Sammlung, in denen nur Scherbett, ein Fruchtsaftgetränk, getrunken wird, wie das *von ʿAlī Schār,* ja es gibt ausgesprochen weinfeindliche Geschichten. So hat also der Firnis ungleichmäßig gedeckt. Zuweilen, vor allem in späteren ägyptischen Geschichten, ist der Islam mehr als nur Firnis.

Für den orthodoxen Islam durchaus akzeptabel ist ein Teil des Repertoires an übernatürlichen Wesen und Menschen mit übernatürlichen Kräften in der Sammlung. König Salomo erscheint nicht nur als Bote Allahs und Vorbild Mohammeds, sondern auch als Herr über Geister (Dschinnen), Vögel und Menschen, als Besitzer magischer Kräfte im Koran. Daß es schon zur Zeit des Ibn en-

Nadīm Bücher über ihn gab, wurde bereits gesagt. Er spielt in der gesamten islamischen Volksüberlieferung eine große Rolle. Dem Koran ist ebenfalls zu entnehmen, daß Mohammed sich als Überbringer der Botschaft des einen Gottes, Allah, nicht nur für die Menschen, sondern auch für die Dschinnen sah. So gibt es bereits im Koran gute und böse, gläubige und ungläubige Dschinnen. Der Dschinn, der im Ritterroman *von Adschīb und Gharīb* zum Islam übertritt, läßt allerdings deswegen noch nicht von seinen kannibalischen Gelüsten und Gepflogenheiten. Die Geister in Tausendundeiner Nacht sind häufig eher skurril als dämonisch, in ihrer äußeren Gestalt wie in ihren Namen. Lane stellte übrigens um 1830 in Ägypten fest, daß selbst *persons of the highest respectability,* Leute, die es für unter ihrer Würde hielten, Tausendundeine Nacht zu lesen, ein Buch also mit fiktiven Geschichten in der Umgangssprache, doch glaubten, daß es Dschinnen gäbe, die den Befehlen von Magiern und Talismanbesitzern gehorchten.

Feen, auch Feenprinzessinnen im Vogelkleid, das ihnen den freien Flug ermöglicht, kommen in Märchen persischer Herkunft vor. Der Däne ÖSTRUP stellte schon 1891 fest, daß die Geister in den Märchen persischer Herkunft von sich aus in das Leben ihrer Schützlinge eingreifen. In ägyptischen Märchen dagegen sind Geister an Talismane und deren Besitzer gebunden. Freilich können sie gelegentlich zu einer Schelte ihres Herrn ausholen, wenn der sich als gar zu einfältig erweist. In Bagdader Märchen, meinte Östrup, seien Geister und Zauberelemente selten. Ein Gegenbeispiel ist allerdings *Die Geschichte von Abu Mohammed dem Faulpelz,* für die Littmann Bagdader Herkunft annimmt.

An die europäische mittelalterliche Vorstellung von Hexen erinnert die auf einem roten Tonkrug, aber offenbar auf der Erde, nicht durch die Lüfte, reitende Alte im Märchenroman *von Hasan von Basra.* Doch selbst als *haarloses Teufelsweib gleich einer Schlange mit fleckigem Leib*

(Li V, 416) ist sie Helferin des Helden und seiner entflogenen Frau, der Geisterprinzessin, zitiert den Koran und handelt *im Vertrauen auf den Segen und die Hilfe Allahs des Erhabenen* (Li V, 476). Der größte Teil der Zauberinnen ist jung und schön. Meist nur die, die Böses im Schilde führen, wie die Königin Lāb in der *Geschichte von Dschullanār, der Meermaid,* sind sexuell ebenso begehrlich wie begehrenswert.

Auch Riesen sind meist Dschinnen, und so kommt der Riese in Sindbads 3. Reise in Br wie ein solcher aus der Luft herbeigeflogen – Galland dagegen sah in ihm einen Abkommen des Polyphem aus der Odyssee. Ein Zwerg, skurril-häßlich, furchterregend und doch dem Helden Helfer, kommt nur im persischen Märchen *vom Prinzen Ahmed und der Fee Perī Banū* vor.

Engel und der Teufel erscheinen in den Märchen nicht. Der Todesengel tritt in einigen Erbauungsgeschichten auf, der Teufel (Iblīs) in zwei Anekdoten über den höfischen Sänger Ibrahīm el-Mausili, einen Tischgenossen des Kalifen Harūn er-Raschīd, und seinen Sohn Ishāk (Li IV, 637; 665). Nach arabischer Vorstellung war es der Teufel, der den Dichtern zu ihrer Inspiration verhalf. Und so mag sich Ibrahīm aus Mosul mit einer solchen Begegnung gebrüstet haben. Das vermutete schon ABU L-FARADSCH EL-ISFAHĀNI (gest. 967) mit kritischem Verstand, der diese Anekdote in sein *Kitāb el-Aghāni »Das Buch der Lieder«* aufnahm. Beide Anekdoten finden sich, variiert, auch in anderen Werken der Adab-Literatur. Für Tausendundeine Nacht wurden sie durch Kürzungen von Details weniger konturiert, aufs Sensatiönchen hin zurechterzählt.

Auch andere Adab-Autoren verhehlen ihre Zweifel an den Wunderberichten, die sie tradieren, nicht. Ibn en-Nadīms Distanz zum Volksglauben an Zauberer, Talismane und Geister, selbst zu solchen, die der Koran nennt, wird in seinem 8. Kapitel spürbar. Doch nicht nur nach dem, was Lane beobachtete, ist zu vermuten, daß vieles, was uns heute märchenhaft anmutet, jahrhundertelang für die Konsumenten solcher Geschichten – in Relation zu ihrem Bildungsstand, ihrer Fähigkeit zu kritischem Denken – »geglaubte Wirklichkeit« war.

VI

Analysen

Die Rahmenerzählung

Die Geschichte vom König Schehrijār, der durch üble Erfahrung zum Frauenmörder wird, und von der ebenso klugen wie schönen Wesirstochter Schehrezād, die ihn in 1001 Nächten von seinem krankhaften Haß heilt, ist heute weltberühmt. Sie umspannt als Rahmen alle bekannten Fassungen von Tausendundeiner Nacht, mit Varianten auch eine weniger verbreitete Sammlung *Hundertundeine Nacht,* die PÉTIT DE LA CROIX 1712 aus dem Arabischen übersetzte.

Im ersten Kapitel wurde deutlich, daß der Rahmen im Arabischen schon früh in unterschiedlichen Formen umlief. Aus IBN EN-NADĪMS Skizzierung könnte man schließen, daß er nur den letzten Teil kannte. Eine gut aufgebaute Erzählung benötigte aber sicher auch damals schon einen ebenso stichhaltigen wie unterhaltungswirksamen Grund für die königliche Misogynie.

Bis heute bieten die Handschriften und Drucke variierende Rahmengestaltungen. Durchaus nicht überall ist Schehrezāds Rolle die der »Erzähltherapeutin«.

Daß im heute vorliegenden Rahmen drei Grundmotive miteinander verknüpft wurden, die alle aus Indien stammen, erkannte COSQUIN 1909:

1. Die Geschichte eines Ehemanns, der über die Untreue seiner Frau verzweifelt ist und von seinem Kummer erst geheilt wird, als er merkt, daß es einer hochgestellten Persönlichkeit genauso geht wie ihm.
2. Die eines übermenschlichen Wesens, dessen Frau (oder Gefangene) sich trotzig der eifersüchtigen Bewachung entzieht. (Das Motiv taucht in der Sammlung noch zweimal auf.)
3. Die Geschichte einer jungen Frau, die durch ihr unerschöpfliches Erzähltalent einer Gefahr entgeht, die sie selbst, ihren Vater oder alle

86

beide bedroht. (Das Motiv erscheint variiert auch in der Rahmenerzählung der *Geschichte von der Tücke der Weiber,* auch sie indischen Ursprungs).

Detaillierter sieht das bei K so aus: *Ein König vom Geschlecht der Sassaniden im Inselreich von Indien und China* hinterläßt zwei Söhne. Schehrijār, der ältere, gerecht und beliebt, wird sein Nachfolger. Schāhzamān, der jüngere, wird *König von Samarkand im Perserlande.* Nach zwanzig Jahren ununterbrochener hoher Freude und Glückseligkeit verspürt der Ältere Sehnsucht nach dem Jüngeren und schickt seinen Wesir zu ihm, ihn zu holen. Schāhzamān rüstet sich zur Reise, kehrt aber des Nachts unerwartet in sein Schloß zurück, um etwas zu holen, und findet seine Gemahlin in den Armen eines schwarzen Sklaven. Er erschlägt beide auf ihrem Lager. Seinem Bruder erzählt er nichts, doch wird er vor geheimem Kummer immer bleicher und kränker. Eines Tages, als sein Bruder auf die Jagd gezogen ist, beobachtet er unbemerkt seine königliche Schwägerin, wie sie im Garten mit einem schwarzen Sklaven buhlt, während ihre zwanzig Sklavinnen und Sklaven dasselbe miteinander treiben. Als Schāhzamān sieht, daß sein Bruder schlimmer hintergangen wird als er, schwindet sein Kummer. Schehrijār staunt bei seiner Rückkehr über die Veränderung und erfährt nach und nach erst den Grund für den Gram, nach stärkerem Insistieren den für die Tröstung. Er überzeugt sich selbst vom Tun seiner Gattin und fordert dann wie von Sinnen seinen Bruder auf, gemeinsam loszuziehen, um jemanden zu finden, dem es genauso ergeht: *Sonst wäre der Tod besser für uns als das Leben* (Li I, 23). In einer idyllischen Landschaft, die Gegenbild ist zu dem, was dann geschieht, finden sie, was sie suchen: Ein riesiger schwarzer Dämon steigt aus dem Meer und setzt sich unter den Baum, auf dem die verängstigten königlichen Brüder Schutz gesucht haben. Aus einem mehrfach verschlossenen Kasten holt er eine Schachtel und aus dieser eine Maid, deren Schönheit hier mit den üblichen übertreibenden Bildern und Metaphern besungen wird. Er legt sein Haupt in den Schoß derer, die er *Herrin der Keuschheit* nennt, eine Ironie des Erzählers, und schläft ein. Die »Maid«, die vom Dämon in ihrer Hochzeitsnacht, also wohl als Jungfrau, entführt wurde, erblickt die beiden Männer auf dem Baum und fordert sie unverblümt auf, ihr zu Willen zu sein, ja sie droht: *Stechet einen starken Stich, sonst wecke ich euch den Dämon auf!* Die beiden sind ebenso ängstlich wie verschämt, kommen dann aber ihrem Befehl nach. Triumphierend zeigt sie ihnen 570 Ringe von Männern, die ihr das gleiche taten, seit der Dämon sie einsperrte. Der Erzähler legt ihr mit zwei Gedichten – eins das indische wie arabische Klischeebild weiblicher Triebhaftigkeit unterstreichend, das andere entschuldigend, weiblicher Verführung könne niemand widerstehen – ein männliches Werturteil in den Mund, das nur aus der Erzählsituation verständlich ist. – Die beiden Könige kehren getröstet zurück, denn es gibt sogar einen Dämon, dem Schlimmeres widerfährt als ihnen geschah. Die zweite königliche Buhlerin büßt ebenso mit dem Leben wie ihre Sklavinnen und Sklaven. Schehrijār nimmt von nun an jede Nacht eine Jungfrau zu sich, um sie am anderen Morgen zu töten. Das Volk begehrt auf und flüchtet. Der Wesir, der dem König die Jungfrauen zuführen soll, fürchtet um sein Leben, denn es gibt keine mannbare Jungfrau mehr in der Stadt.

Nun werden seine Töchter ins Spiel gebracht, Schehrezād, die als sehr klug und belesen geschildert wird, ja als Sammlerin von Geschichtswerken und Dichtungen, und Dinazād. Hier – wie auch in M – blieb also durchaus die Erinnerung an die schriftliche Tradition bewahrt. Schehrezād bietet sich an, Opfer oder Werkzeug der Befreiung zu werden. Der entsetzte Wesir versucht, sie durch eine Geschichte, die in ihrer Lehrhaftigkeit an indische Tierfabeln erinnert, umzustimmen. Doch auch Schehrezād ist ein Beispiel dafür, daß Frauen ihren Willen durchzusetzen verstehen, ein positives allerdings. Sie läßt sich nicht abhalten, sondern schmückt sich bräutlich für den König, macht ihm aber zur Bedingung, ihre jüngere Schwester hinzuzuziehen. Sie wolle sich von ihr verabschieden. Nachdem der König Schehrezād das Mädchentum genommen hat, fordert Dinazād ihre Schwester auf, eine Geschichte zu erzählen, *damit wir uns die wachen Stunden der Nacht verkürzen* (Li I, 31).

Die Fassung in M ist insgesamt literarisch besser. Nur ein paar Beispiele: Statt der bei K sich wiederholenden Zahl 20 zieht sich hier die Zahl 10 durch den Text. Zehn Jahre regieren beide Brüder, da empfindet Schehrijār Sehnsucht nach Schāhzamān, zehn Tage bereitet sich dieser auf die Reise vor, zehn Tage zieht Schehrijār auf die Jagd, und viel wirkungsvoller: Die Gemahlin Schehrijārs zieht mit zwanzig Sklavinnen aus dem Schloß, das dem gegenüberliegt, in dem Schāhzamān zufällig am Fenster steht, und die zwanzig entpuppen sich als zehn schwarze Sklaven und zehn Mädchen. Die eingesperrte Schöne des Dämons wird in ihrem Kasten durch vier Schlösser gesichert – vermutlich hatte ja der Kasten vier Seiten. Sie hat auch nur 98 Ringe und braucht die der beiden königlichen Brüder zur Abrundung auf hundert. Hier wird auch gleich zu Beginn der Wesir, der Schāhzamān holen soll, als Vater von Schehrezād und Dinazād vorgestellt. Er muß nicht nur dem König die Jungfrauen zuführen, sondern sie auch nach der Hochzeitsnacht töten. Schon als Schehrijār, ohne zu wissen, was ihm selbst widerfährt, vom Treuebruch der Frau seines Bruders hört, sagt er diesem:

Mein Bruder, bei Allah, du hast recht getan, als du deine Gattin und den Mann tötetest. Und du bist entschuldigt, wenn dich Sorge und Unruhe befallen und dein Befinden verändert haben. Was dich getroffen hat – ich glaube nicht, daß das jemanden anderem als dir geschehen ist. Wenn das mir passiert wäre, bei Allah, dann hätte ich wenigstens hundert oder tausend Frauen getötet, und ich wäre wahnsinnig geworden (M 61).

Der Erzähler deutet also das Kommende an und wertet es mit Schehrijārs Worten. Statt der im Munde einer Frau unmotivierten Verse findet sich hier eine auch sonst häu-

fig zitierte Stelle aus der Josefssure des Koran *Wahrlich,
Eure* (der Frauen) *List ist groß* (M 64) als Ausruf der beiden
Brüder. Hier erzählt der besorgte Wesir die Geschichte
von dem Mann, der die Sprache der Tiere versteht, so, daß
sie Schehrezād viel eher als Warnung dienen könnte,
schickt ihr zur intensiveren Wirkung drei Sprichwörter
voran, daß der Mensch die Folgen seines Tuns bedenken
solle.

Schehrezād instruiert ihre Schwester, daß sie sie zum
Erzählen auffordern solle, und sagt schließlich:

> *So erzähle ich euch Geschichten, und das ist die Ursache meiner Ret-*
> *tung und der Befreiung dieses Volks, und so bringe ich den König von*
> *seiner Gewohnheit ab* (M 71).

Jede Nacht bittet nun Dinazād ihre Schwester, mit
Erlaubnis des Königs eine Geschichte zu erzählen, bei K in
Reimprosa, bei M in schlichteren Worten. Die Nachtzäsuren in den Handschriften und Drucken sind unterschiedlich.

Bei K/Li lösen sich die Rahmeneinschübe noch einmal
da aus dem Stereotyp, wo nach dem Ritterroman *von*
ʿOmar ibn en-Nuʿmān die lehrhaften Tierfabeln eingeschoben sind. Am Ende der 145. Nacht (Li II, 222) wünscht
sich König Schehrijār ausdrücklich eine Geschichte aus
dem Leben der Vögel, und Dinazād sagt zu ihrer Schwester:

> *Noch nie in all dieser Zeit habe ich den König so fröhlichen Sinnes*
> *gesehen wie in dieser Nacht. Und so hoffe ich denn, daß dein*
> *Geschick bei ihm zu einem glücklichen Ende führen möge.*

Daß der Rezensent diese Fabeln mit der Rahmenhandlung
verwoben hat, wird noch an anderen Stellen deutlich.
Nach der Geschichte vom frommen Hirten – eigentlich
sind es zwei fromme Lehrstücke, eines die Enthaltsamkeit
von den verführerischen Freuden des Fleisches in Gestalt
der Frau, das andere Bescheidenheit und Selbstzweifel
predigend – sagt der König:

O Schehrezād, du hast mich nun schon gelehrt, meine Königsherr-
schaft für eitlen Tand zu erachten und die Hinrichtung so vieler
Frauen und Mädchen zu bereuen (Li II, 241, ähnlich 245, auch
266, 280).

Von der *Geschichte von 'Alī ibn Bakkār* an wird der Rahmen
wieder schablonenhaft, und er fehlt natürlich bei den
Stücken, die Littmann eingeschoben hat, ganz.

Und nun die Schlüsse: GALLANDS Übersetzung endet
logisch: Der Sultan von Indien bewundert das verschwen-
derische Gedächtnis Schehrezāds. Die *unschuldigen Ver-*
gnügungen der Tausendundein Nächte haben dazu beigetragen, die *ärgerlichen Vorurteile* des Sultans gegenüber
weiblicher Treue zu verringern. Im nachhinein gefällt ihm
zudem der Mut, mit dem sie, den Tod nicht fürchtend,
freiwillig seine Gattin wurde. So erweist er ihr Gnade, läßt
sie am Leben und betrachtet sie als Befreierin all der Mädchen, die sonst Opfer seines *gerechten Grolls* geworden
wären. Lange Zeit hat man angenommen, Galland hätte
diesen Schluß erfunden, denn er besaß ja keine vollständige Handschrift. Doch hat er ihn in einem Brief aus dem
Jahr 1702 bereits kurz skizziert. Vermutlich ist er ihm
erzählt worden. Tatsächlich enthalten einige Handschriften, darunter auch die ägyptische, aus der die Nächte
885–1001 der HABICHTschen *tunesischen Rezension* stammen, einen Schluß, dessen Grundidee mit diesem überein-
stimmt. Hier wandelt Schehrezād den König durch die
Geschichten, die sie ihm erzählt. Allerdings wird das
wesentlich kunstvoller gestaltet als bei Galland. Im
Anschluß an die letzte Geschichte dieser Rezension, die
von den sieben Wesiren (bei K/Li heißt sie *von der Tücke*
der Weiber) – die ebenfalls das Motiv der durch Geschichtenerzählen um ihr Leben kämpfenden Frau enthält –,
erzählt Schehrezād in der 1001. Nacht eine Kurzform des
Prologs mit allen drei Teilen, aber ohne Namen zu nennen. Der König erkennt seine eigene Geschichte und mit
ihr das Unrecht, das er begangen hat. Schehrezād fügt eine
Reihe kluger Ermahnungen über das Verhalten von Köni-

gen, Wesiren und die Rolle des Heeres im Staat an, die hier wohl weiterer Beweis ihrer Gescheitheit sein sollen. Sie zitiert einen Ausspruch, daß Frauen so wenig alle gleich seien wie die fünf Finger einer Hand und später auch als typisch islamische Bekräftigung Sure 33:35. Mit zwei Erzählungen über königliche Konkubinen, die ihrem Besitzer Hörner aufsetzen, wird auf ein Grundmotiv der Einleitung zurückgegriffen: den König damit zu trösten, daß es Höhergestellten genauso ging wie ihm. Beide Geschichten, das wird aus Orts- und Personennamen deutlich, sind relativ spät entstanden und sicher aus Gründen der Symmetrie mit dem Prolog eingeschoben. Schehrijār heiratet dankbar Schehrezād, sein Bruder Dinazād. Hof und Stadt feiern eine prachtvolle Hochzeit. Schehrezāds Vater, der Wesir, übernimmt die Herrschaft von Samarkand. Die beiden königlichen Brüder teilen sich, da ihre Gemahlinnen sich nicht mehr voneinander trennen wollen, in die Reichsangelegenheiten. Die Erzählungen werden aufgezeichnet, füllen 30 Bände und zieren die Schatzkammern des Königs. Nach Jahrhunderten der Mißwirtschaft findet man sie, als ein weiser König regiert, wieder. Das Buch wird abgeschrieben, in alle Länder der Erde verteilt. Sein Ruf verbreitet sich überall.

Und man nannte es das Buch der wunderbaren Erlebnisse und der seltsamen Begebnisse der Tausendundein Nächte. Und das ist, was uns von diesem Buch bekannt geworden ist. Doch Allah weiß es am besten (Br XII, 427).

Ein Schluß also, der die Geschichte der beiden Brüder und Schwestern zu einem glücklichen Ende führt, dem Wesir gerecht wird und schließlich, wenn auch viel nachhaltiger, als wir es bei anderen Geschichten der Sammlung gesehen haben, den Wert des Buches betont. Nachzulesen ist er im Detail in der deutschen Übersetzung von Habicht, der allerdings dem Stil der Zeit entsprechend redigiert hat.

Wir wissen aber schon von IBN EN-NADĪM, daß in der ihm bekannten Form des Rahmens Schehrezād dem König ein Kind geboren hat, ohne daß er das merkte, und ihm das und ihre List präsentiert. Hier also waren schon Schehrezāds Klugheit und ihr Erzähltalent allein nicht ausreichend, den König umzustimmen. Später wurden aus dem einen Kind drei, wohl weil man meinte, mit drei Schwangerschaften glaubwürdig 1001 Nächte füllen zu müssen. K – ebenso wie der Bulaker Druck – kommt nach der *Geschichte vom Schuhflicker Ma'rūf* unvermittelt zum Schluß. Nach der tausendsten Nacht erwacht der König *mit freier Brust und gespannt auf das Ende der Geschichte* (Li VI, 631). Daß Schehrezād der Tod droht, wird plötzlich durch den *wie immer mit dem Totenlaken unter dem Arm* herbeikommenden Wesir angedeutet. Nach der *Ma'rūf-Geschichte* ist unerwartet von den drei Knaben die Rede, die Schehrezād dem König geboren hat. Sie läßt sie bringen und bittet den König, ihr um der unmündigen Kinder willen das Leben zu schenken. Der weint, drückt die Kinder an die Brust und sagt:

> O Schehrezād, bei Allah, ich hatte dich schon freigesprochen, ehe diese Kinder kamen; denn ich habe dich als keusch, und rein, edel und fromm erfunden (wörtlich: gesehen) (Li VI, 636).

Kein Wort also von Klugheit oder Erzählkunst, noch generell von der Heilung des Königs. Weil Schehrezād sich als das keusche Gegenbild zu den ungetreuen Gattinnen des Prologs erwiesen hat, erteilt der König ihr die Gnade, sie am Leben zu lassen. Aber auch hier werden natürlich glänzende Freudenfeste gefeiert. Dinazād, Schāhzamān und der Wesir sind vergessen, selbst der Name des Königs scheint es zu sein.

Einen geradezu parodistischen Schluß hatte die ägyptische Handschrift HAMMERS. Hier hat Schehrezād nach der Ma'rūf-Geschichte keine Lust mehr, ein neues Märchen anzufangen. Sie bittet den König um ihr Leben, da sie ihm in tausendundeiner Nacht *Mährchen aller Art erzehlt* (habe), *unterhaltende und belehrende, Geschichten und Anekdoten, in Prosa und Versen.* Doch der König befiehlt kühl:

Es ist genug; man schlage ihr den Kopf ab, ihr letztes Mährchen vorzüglich hat mir ganz besonders schreckliche Langeweile gemacht (HP III, 461). Auch in anderen Geschichten der Sammlung führt das Generalthema *Stirb oder erzähl eine Geschichte!* gelegentlich zu *Stirb, deine Geschichte war schlecht!*, etwa im *Buckligen-Zyklus*, um den Wert der letzten, der rettenden, Geschichte hervorzuheben. Hier aber holt Schehrezād, wie eine Trickkünstlerin, ihre drei Söhnchen. Nur aus Liebe zu den Kindern und weil Schehrezād eine gute Mutter sei, verzeiht ihr der König. Dem Wesir dagegen verleiht er für seine Verdienste um *den Staat und meine Person* ein Ehrengewand. Prachtvoll gefeiert wird auch. Jedenfalls ein ganz und gar patriarchalischer Schluß, passend zum Geist der *Maʿrūf-Geschichte!*

Wie die indische Originalfassung endete, wissen wir nicht. Die Logik legt eine Wandlung des Königs durch Schehrezāds Erzählkunst nahe. Daß diese Vorstellung ins Arabische übernommen wurde, beweist der Prolog in M. Einen kunstvollen Schluß dieser Art gibt es in Habichts Handschrift. Andere Beispiele zeigen, daß Schehrezād auch zum Muster der Keuschheit und der vorbildlichen Mutter werden konnte. Ja, in ausgesprochen patriarchalischen Fassungen hat die Mutterrolle schließlich die der raffinierten Erzählerin, der Gebildeten, der »Bibliophilen«, überlagert. Hier ist Schehrezād nicht mehr die Aktive, durch ihre Klugheit und Bildung den Mann von seinem krankhaften Haß Heilende, sondern erfährt als keusche Gattin und gute Mutter die Gnade, weiterleben zu dürfen.

Die Geschichte von Dschullanār, der Meermaid, und ihrem
Sohne, dem König Badr Bāsim von Persien

(Li V,86–152 = K III,540–89; M 481–432; Br. IX,400–X,71; W 122–46
= WW I,90–120; G VII,159–364 = H IV,171–263)

GALLAND hat dieses Märchen nach der oder den Handschrift(en) übersetzt, die ihm vorlag(en). Es gehörte also in den seit dem 14. Jahrhundert bekannten Grundstock der Sammlung. In der uns erhaltenen
Handschrift Gallands folgt es auf die *Geschichte von Enīs und Dschelīs.*
Zwischen dieser Fassung (M) und der in K, die Littmann übersetzte,
bestehen im Detail Unterschiede, nicht nur darin, daß in K bestimmte
Topoi, Beschreibungen schöner Menschen, Städte, Gärten in Reimprosa üppiger ausfallen, typisiert, analog zu ähnlichen Passagen in
anderen Geschichten. Die M-Fassung ist oft auch logischer. Galland
hat in seiner bearbeitenden Übersetzung diesen Eindruck verstärkt,
zudem nahezu sämtliche Züge des Prinzen, die seinen Märchenhel-
denvorstellungen nicht entsprachen, umgeformt. Die deutsche
Übersetzung von Galland findet sich unter dem Titel *Die Geschichte
des Prinzen Beder von Persien und der Prinzessin Giauhare von Samandal*
bei HABICHT. Dschullanār als d i e Besonderheit des Märchens ist aber
auch Titelgestalt in der fast durchgängig schlichteren Form des Märchens in der Stambuler Handschrift aus dem 13./14. Jahrhundert (W),
für die es eine Übersetzung von M. WEISWEILER (WW) gibt. Sie nimmt
noch *die Wunder des Meeres* in den Titel. LITTMANN vermutet in
Dschullanār ein persisches Märchen, das in islamischer Zeit entstand,
ins Arabische übersetzt wurde und schon zur Bagdader Form der
Sammlung gehörte. Beweis sind ihm vor allem die durchgängig persischen Personennamen des Märchens. Dschauhara und es-Samandal, darauf verweist er, existieren aber als Lehnwörter im Arabischen,
und die für das Arabische ungewöhnliche Namensform des Prinzen,
Badr Bāsim, lautet in den älteren Fassungen von W und M schlicht
Badr. Für die Entstehung jedenfalls des zweiten Teils in islamischer
Zeit spricht die Polarisierung, in die der Held gerät: hier die schöne,
verführerische und Verderben bringende Feueranbeterin Lāb – dort
der hilfreiche, rettende muslimische Krämer ʿAbdallāh.

Es ist die Gestalt der Dschullanār *Granatapfelblüte*, die dem
ersten Teil des Märchens seinen besonderen Reiz verleiht.
In K beginnt es mit der stereotypen Anfangsformel *Kān fī
kadīm ez-zamān wa-sālif el-asr wal-awān »Einst lebte in alten
Zeiten und längst verschwundenen Vergangenheiten . . .«* der
Name des Königs, Schehrimān – bei M fehlt er, bei W
heißt er Schehrijār –, und die Region Chorasān fügen sich

in den Reim auf ān. Doch auch M und W, die mit anderen Reimen beginnen, nennen Chorasān, also Nordpersien, als Stätte des Geschehens. Bei M wächst der König aus dem stereotypen Motiv des alternden Mannes, der sich einen Sohn und Nachfolger wünscht, zur königlichen Persönlichkeit. Seine Gerechtigkeit und Güte werden hier gerühmt, seine Beliebtheit bei Nah und Fern. Es wird erzählt, daß er Opfergaben gelobte, Almosen spendete, Gutes tat und Allah anflehte, daß er ihm einen Sohn von einer seiner hundert Konkubinen *jeder Rasse, und jede allein für sich in ihrem Zimmer,* schenke. Er erhält weitere Züge angenehmer Menschlichkeit aus der Sicht eines Untertanen, speziell eines Kaufmanns, durch das Einfühlungsvermögen, mit dem er den Kaufmann, der ihm eine schöne junge Sklavin zuführen will, aufnimmt:

Der König befahl ihm sich zu setzen. Da nahm er Platz. Und er richtete freundliche Worte an ihn und plauderte voller Wohlwollen mit ihm, so daß sein Schrecken schwand und seine Furcht sich legte, die ihn aus Respekt vor dem König ergriffen hatte. Das ist die typische Art der Könige, Oberhäupter und Sultane, wenn ein Bote, ein Kaufmann oder sonst irgendjemand bei ihnen eintritt, um etwas vorzubringen, dann sind sie freundlich zu ihm und reden offenherzig mit ihm, damit seine Furcht und sein Schrecken schwinden, die er aus Respekt vor dem König empfindet (M 482).

Geradezu ergreifend ist nun der Gegensatz zwischen der leuchtenden Schönheit des Mädchens und ihrer Stummheit und Sprödigkeit trotz des Königs zärtlicher Werbung. Mit ihren sehnsuchtsvollen Blicken aus dem Fenster des Schlosses zum Meer hin bereitet der Erzähler in allen drei Fassungen die Kunde von ihrer Herkunft vor. Obwohl sie so sitzenbleibt wie am ersten Tag, nicht einmal lächelt, so daß der König denkt, man habe ihr keinerlei Anstand beigebracht, wächst seine Liebe zu ihr. Er zieht sie allen Konkubinen vor, dringt mit zärtlichen Worten in sie, sie solle doch reden oder ihm zeigen, daß sie ihn verstehe. Er bete zu Allah, daß er von ihr mit einem Sohn gesegnet werde. Da, plötzlich ist der Bann gelöst. Sie eröffnet ihm in geziemenden Worten, daß sie ein Kind von ihm erwarte, Allah also sein Gebet erhört habe. Dem König ist der erste Grund zur Freude, daß sie ihr Schweigen brach, der zweite erst ihre Schwangerschaft. Um ihre Stummheit zu erklären, sagt sie ihm, sie sei die Tochter eines Meerkönigs, habe sich aber mit ihrem Bruder entzweit und sei deswegen auf die Erde gekommen. Sie erzählt dem König, was sie erlebt hat, bis sie ihm zugeführt wurde. Den interessiert aber vor allem, was sicher auch die Hörer wissen wollten: *Wie könnt Ihr im Wasser gehen, ohne zu versinken und ohne zu ertrinken?* (M 488) Die Zaubernamen, die auf dem Ring Salomos, des Sohns Davids, eingegraben sind, geben ihr die Kraft, sich im Meer zu bewegen, *wie ihr auf dem Festland geht,* erfährt er:

> *Wisse, oh größter König unserer Zeit, wir ziehen im Meer umher mit offenen Augen und sehen, was darinnen ist; auch erblicken wir die Sonne und den Mond und die Sterne und den Himmel, wie wenn wir auf der Oberfläche der Erde wären; und das schadet uns nichts. Und wisse ferner, es gibt im Meere viele Völker und mannigfache Gestalten von allerlei Art, wie sie ja auch auf dem Lande sind* (Li V, 94).

Man erinnert sich der Werke über die *Wunder des Meeres,* die IBN EN-NADĪM als Unterhaltungsliteratur seiner Zeit nennt. In M wird eindrucksvoll dargestellt, wie die Meerleute nach den Beschwörungsriten der Prinzessin, vom König beobachtet, aus dem brodelnden Meer auftauchen und *sich aufschwingen wie Vögel,* um direkt in den Alkoven des Schlosses am Meer zu fliegen, in dem die Prinzessin auf sie wartet. Ihre Schönheit wird gepriesen, aber nur bei W unterscheidet sich ihr Äußeres von dem des Landvolks durch grünes Haar, der Bruder der Dschullanār hat hier auch einen grünen Bart.

Rührend ist dann das Liebesbekenntnis Dschullanārs zum König, als ihr Bruder sie auffordert, zu ihrer Familie zurückzukehren. Daß er sie gekauft hat wie eine Sklavin, tut ihrem Selbstwertgefühl keinen Abbruch. Ein blindes Motiv ist freilich, daß der König nichts tat, ohne sie um

Rat zu fragen, denn sie war ja bis zur Stunde stumm. Als sie ihrem Bruder versichert: *Bei Allah, ich lebe hier in höchster Glückseligkeit, in Freuden und in Fröhlichkeit,* heißt es vom König: *Und seine Liebe zu ihr ward noch größer und durchdrang sein ganzes inneres Wesen* (Li V, 98). Während Dschullanār mit ihren Verwandten beim Essen sitzt, wird plötzlich deren Zorn darüber, daß sie den königlichen Gemahl noch nicht zu Gesicht bekamen, obwohl sie seine Speisen zu sich nehmen, so groß, daß sie vom Essen ablassen und Feuer aus ihrem Mund sprüht *wie Fackeln.* Sicher weil es so außergewöhnlich ist, findet sich das in K, M und Br. Der König stirbt fast vor Furcht. Es ist Dschullanār, die vermittelt, wie sie überhaupt von nun an die Rolle der Stärkeren innehat. Geschickt rühmt sie sich noch einmal vor dem König der lobenden Worte, die sie für ihn fand, und beruhigt ihn lachend über das feurige Schauspiel: *Wenn die zornig sind, geht es ihnen so* (M 492). Bei K verlassen sie die Verwandten nach dreißig Tagen. Daß Dschullanār sie vor allem kommen ließ, weil sie Beistand für ihre Entbindung brauchte, *denn die Frauen vom Festlande wissen nicht, wie die Töchter des Meeres gebären,* ist vergessen. In M dagegen hilft ihr die Mutter bei ihrer schweren Entbindung und erfreut anschließend den Schwiegersohn mit der Freudenbotschaft, er habe einen Sohn. Nicht nur mit Zauberritualen – Bestreichen mit Salbe und dem Aussprechen der Namen Salomos – wird der Säugling dem Meervolk angeglichen, zum Entsetzen des Königs verschwindet Dschullanārs Bruder mit dem Kind im Meer. Anschließend bringt er dem König ein Kästchen mit Hyazinthen und anderen Juwelen dar, daß ihm *sein Verstand wirre und sein Herz irre* wird. Schließlich verschwinden nach einem tränenreichen Abschied die Meermenschen, und der Prinz kann heranwachsen und an Schönheit, Anmut und Vollkommenheit zunehmen, wie es sich für einen Prinzen im Märchen gehört. Standesgemäß wird er ausgebildet, nicht nur in *Lesen, Schreiben, Grammatik, Sprache,* sondern ebenfalls im *Pfeilschießen und im Speer-*

spiel, also in ritterlichen Künsten. Er wird in jugend-
lichem Alter – die konkreten Angaben darüber differieren – von seinem Vater zum König eingesetzt, und alles
Volk liebt ihn wegen seiner Gerechtigkeit und seiner
Geschicklichkeit auf dem Blachfeld. Auch nach dem
Tod des alten Königs, über den ihn *die Großen des Reiches und die Vornehmen* mit klugen Worten und anschlie-
ßendem Badbesuch allmählich trösten, *verschafft(e) er
dem Knecht vor dem Herren sein Recht . . .* (Li V, 108).

Doch sein Oheim, der Meerkönig, überzeugt Dschullanār von der Notwendigkeit, ihn zu verheiraten, er sei
jetzt 17 Jahre alt und habe noch keinen Nachfolger,
wenn ihm etwas zustoße. Bei W ist es Dschullanār, die
ihren Sohn verheiraten will, sie hat hier also eine akti-
vere Rolle. Von all den Prinzessinnen des Meeres, die
ihr Bruder ihr aufzählt, wählt sie schließlich die letzte,
eine richtige, nicht alternde Märchenprinzessin: Dschullanār erinnert sich gemeinsamer Kinderspiele mit ihr.
Sie erkennt in ihr die Frau, die ihrem Sohn gleich sei *an
Schönheit, Verstand, Religion, guter Erziehung, Tugend,
Besitz und edler Abstammung* (M 499). Daß Schwierigkei-
ten folgen werden, erkennt der Hörer/Leser daraus, daß
der König zunächst zögert, ihren Namen zu nennen:
Wenn sein Neffe wach wäre, könne er sich schon durch
die Beschreibung verlieben, und sie würde nicht leicht
zu erlangen sein. Prinz Badr (Bāsim) stellt sich schla-
fend, hört den virtuosen Schönheitspreis in Reimprosa
und den Namen der Prinzessin: Dschauhara *Juwel,*
Tochter des Königs es-Samandal *Salamander.* Das be-
vorstehende Unheil zeichnet sich nun deutlicher ab. Der
Meereskönig charakterisiert seinen »Kollegen«: *Es gibt
unter den Königen des Meeres keinen größeren Toren als
ihren Vater, noch einen, der gewalttätiger wäre als er* (Li V,
111). Was vorher durch einen Vers beschworen wurde,
geschieht: Prinz Badr verliebt sich auf Hörensagen, und
das erfolgt stereotyp. Er liegt nachts wie auf Kohlen,
vergießt am nächsten Tag Tränenströme, rezitiert sehn-

suchtsvolle Gedichte. Und folgt dann auf der Suche nach der Prinzessin seinem Oheim ins Meer.

Eine turbulente Handlung schließt sich an, in der der bis dahin, wenn auch nach der Märchenschablone, klug und selbständig handelnde Prinz mehrfach zum kindlich-törichten Opfer ebenso schöner und begehrenswerter wie begehrlicher und auf sein Verderben bedachter zaubernder Prinzessinnen wird, aus deren Händen ihn deren Gegenspieler oder -spielerinnen befreien. Er wird also zum »leidenden Helden« arabischer volkstümlicher Liebesromane, die in ihrem Grundschema von griechischen Vorbildern inspiriert waren. Galland hat die mangelnde Logik der Handlung durch Erklärungen und Reflexionen geschickt auszugleichen versucht. Der königliche Bruder der Dschullanār wirbt beim König es-Samandal für seinen Neffen um Dschauhara und erzürnt ihn dadurch trotz der kostbaren Geschenke, die er in kluger Überlegung mitbrachte. Die noch klügere Mutter der Dschullanār schickt ihm ein Heer nach, das den törichten König gefangennimmt und seine Begleiter vertreibt. Dschauhara flieht auf eine Insel – wie, verschweigt der Erzähler, aber Inseln als Flucht- und Treffpunkte sind ein beliebtes Motiv. Der verängstigte Prinz ergreift, da er sich für die Ursache des schlimmen Geschehens hält, ebenfalls die Flucht, natürlich auf dieselbe Insel und unter eben den Baum, auf dem Dschauhara Zuflucht gesucht hat – vielleicht eine Reminiszenz an die arabische kosmographische Literatur, die von Inseln weiß, in denen Jungfrauen auf Bäumen wachsen. W läßt, für unsere Begriffe ziemlicher, den Prinzen auf den Baum steigen und die Prinzessin ihn von unten erblicken. Er offenbart sich der Schönen, wundert sich aber immerhin über diesen Zufall. Sie haßt ihn trotz seiner Schönheit, als sie erfährt, wer er ist, und flucht ihm innerlich in gereimten Worten, die bei M zwar nicht zum Rang einer Prinzessin, wohl aber zur Szenerie passen: *Wegen dieses elenden Blutegels und verfluchten Zitterrochens ist das alles geschehen* (M 509). Mit schönen Worten und heißen Zärtlichkeiten betört sie ihn, so daß seine Liebe noch wächst, spuckt ihm anschließend ins Gesicht und verzaubert ihn in einen wunderschönen Vogel, den sie auf die *Durstinsel* zu bringen befiehlt. Ihre Sklavin erbarmt sich der Schönheit und setzt ihn auf einer anderen Insel ab. Dort findet ihn ein Vogelsteller und macht ihn gegen eine üppige Gabe von Golddinaren dem König des Landes zum Geschenk. Dessen Frau, eine mächtige, aber, wie sich zeigt, gute, Zauberin, erkennt im schönen Vogel den Prinzen Badr, verschleiert sich – das typische Zeichen dafür, daß eine mit Zauberkraft und Intuition gleichermaßen begabte Frau den verzauberten Mann im Tier erkennt – und löst den Zauber. Der von soviel Schönheit ergriffene König rüstet ihn auf seine Bitte mit Schiff und Gefolge zur Heimkehr aus. Das Meer wütet am 11. Tag, das Schiff zerschellt an einer Klippe. Badr rettet sich auf einer Planke, doch allerhand Vierbeiner suchen ihn daran zu hindern, das Ufer zu betreten. Es gelingt ihm trotzdem. Er findet eine leere Stadt und in ihr den Krämer 'Abdallāh, dem er seine Geschichte erzählt. 'Abdallāh erklärt ihm, wo er ist: in der Stadt einer Zauberin, der Königin Lāb – verstümmelt aus dem griechischen astarlab »Astrolab« – die die schönen Jünglinge liebt, jeden jeweils 40 Tage lang. Dann verzaubert sie ihn in ein Tier, wie die, die den Prinzen am Landgang hindern wollten, um ihn zu schützen. Badr Bāsim *erschrak über alle Maßen und begann zu zittern wie ein Rohr im Wind* (Li V, 135). Doch er hat im Krämer 'Abdallāh einen Helfer gefunden, der der bösen Feueranbeterin Lāb gewachsen ist. Die erinnert entfernt an die Circe der Odyssee. Bei K hat sie alle Einwohner der Stadt verzaubert, und doch sieht Badr Bāsim *ein Volk, das unermeßlich war,* das später auch vom Erzähler als mitleidiges Publikum gebracht wird. Natürlich macht die schöne böse Zauberin mit ihrem Riesengefolge den Prinzen ausfindig. Er weckt ihr Begehren, wie sie das seine. Gleich einem Kind, das nach dem verlockenderen Spielzeug greift, sagt sich bei M

Prinz Badr, als ihm die Königin listig ihr Gesicht ent-
schleiert:

> *Bei Allah, diese Königin ist jung und schön. Ich werde nicht von ihr*
> *gehen, denn ihr Reich ist größer als meins, und sie ist besser als die*
> *Königin Dschauhara* (M 523),

deretwegen er doch zuvor auf Kohlen gelegen, die ihn
freilich auch schmachvoll behandelt hatte. Die Königin
Lāb betört ihn zusätzlich durch die Pracht ihres Palastes,
kostbare Speisen und Weine, tanzende und singende Sklavinnen und allen üblichen äußeren Pomp der Liebesszе-
nen. Der Erzähler in M verfällt zweimal an Stellen, die ihm
sicher Höhepunkte waren, aus dem auktorialen in den
persönlichen Erzählstil, das erste Mal, als die weintrun-
kene Königin dem Prinzen befiehlt, sich neben sie zu legen
und ihn vorher von ihren Sklavinnen entkleiden läßt bis
auf ein Goldhemd, wie sie es gleichfalls trägt. In W wechselt der Erzähler an anderen Stellen in den persönlichen
Erlebnisbericht, etwa als Prinz Badr beim Krämer ʿAbdallāh anlangt und ihm erzählt, was ihm geschehen ist. Königin Lāb becirct den Prinzen nun so, daß der den gütigen,
hilfsbereiten Krämer als *Bettelmann, der Bohnen verkauft,*
vor ihr verleugnet.

Vierzig Tage schwelgt der Prinz in seinem Liebesglück,
dann beobachtet er die Königin, die sich in einen Vogel
verwandelt hat, bei einem nächtlichen Seitensprung mit
einem anderen Vogel, einem von ihr verzauberten Jüngling. Prinz Badr sucht und findet Hilfe beim Krämer
ʿAbdallāh auch gegen die phantastischen Zaubervorberei-
tungen der Königin, die er in der nächsten Nacht heimlich
beobachtet – das Motiv findet sich im indischen *Kathā*
Sarit Sāgara des SOMA DEVA im 11. Jahrhundert, einer
umfangreichen Sammlung von Erzählungen aller Art und
verschiedener Zeiten. Es gelingt ihm, die Königin in eine
Mauleselin – bei G galant in eine schöne Stute – zu verwandeln. Doch gegen den Rat des Krämers läßt er sich
vom Mitleid zu einer alten Frau erweichen und verkauft

ihr den Zügel, das Machtinstrument über die Verruchte. Die Alte entpuppt sich als Zauberinmutter. Sie und die rückverwandelte Lāb pfeifen sich einen Dämon, *(groß) wie ein Berg,* der sie und den bestürzten Prinzen zurück ins Reich der Lāb bringt. Dort wird er diesmal in einen häßlichen Vogel verwandelt, aber schließlich im Zusammenwirken von Mitleid einer Sklavin, den immer wieder rettenden Zauberkräften des Krämers 'Abdallāh und den Geisterheeren und Kriegerscharen der Meereskönigsfamilie erlöst. Die Zauberin und alle Ketzer büßen mit dem Leben. Der Krämer 'Abdallāh erhält als Belohnung die mitleidige Sklavin zur Frau – bei G erbittet er sie sich zum Lohn, und sie willigt mit holdem Erröten ein. Und da nun einmal das Heiraten ins Happy-End gebracht ist, entsinnt sich auch Badr, daß er ja heiraten wollte, und damit der Dschauhara, *da sie ein Juwel ist, wie ihr Name besagt* (Li V, 151 auch M 532). Daß sie ihn so heimtückisch verzauberte, ist vergessen. Auch Dschullanār billigt die Entscheidung. Der König es-Samandal ist jetzt einverstanden und erklärt seiner von Dämonen herbeigeschafften Tochter, welchem edlen und heldenhaften König er sie zur Gemahlin bestimmt habe. Dschauhara fügt sich widerspruchslos, wie es sich für ein muslimisches Mädchen gehört. Den Konventionen entsprechend wird der Ehevertrag aufgesetzt, die Stadt geschmückt, ein glänzendes Fest gefeiert, ist die Braut Jungfrau. Gefangene werden freigelassen, Witwen und Waisen gekleidet, Ehrengewänder an die Großen des Reichs verliehen. Dann folgt die Schlußformel.

Ein Zaubermärchen also, zusammengefügt aus zwei Teilen. Der erste Teil bis zur Geburt des Prinzen Badr ist eine der schönsten und zartesten Liebesgeschichten der Sammlung. Wie *die Meermaid* Dschullanār sich von der stummen, spröden Schönen zur liebenden, auch pflichtbewußten Gattin durch das Kind wandelt, das sie erwartet, die Freude des alten Königs über diese Wandlung, seine wachsende Liebe, das ist eindringlich gestaltet. Hier

ist auch durchaus ein gewisses Moralisieren zu beobachten: *Gutes muß durch Güte vergolten werden.* Der zweite
Teil ist eher die Parodie einer Suchwanderung oder einer
Liebesgeschichte: Der eben noch kluge, vom Volk wegen seiner Gerechtigkeit geliebte Prinz fällt auf der Suche
nach der schönen Prinzessin, in die er sich auf Hörensagen verliebt hat, deren Zauberkräften zum Opfer,
wird entzaubert, wiederum von einer Frau, vergißt die
Schöne, um einer anderen, noch schöneren, noch tücki-
scheren, ins Netz zu gehen, wird zum Spielball zwischen
verführenden und rettenden Kräften, ist aber letztlich
glücksbegnadet. Dschullanār, seine Mutter, taucht wieder auf, und mit ihrer Hilfe und denen der ihr plötzlich
zur Verfügung stehenden Geisterscharen – der Erzähler
in M begründet das immerhin: *Die Geisterkönige gehorchten ihnen, seit sie den König esch-Schamandal (so!) gefangen-
genommen hatten* (M 530) – fügt sich alles zum umfassen-
den Happy-End. Das ist voller Turbulenzen, Zaubereien,
Unlogik, blinder Motive – in allen Fassungen hat der
Erzähler zu Beginn des zweiten Teils vergessen, daß der
Prinz ja schon als Neugeborener »seetüchtig« gemacht
wurde, zu Beginn seiner Suche nach der Meeresprinzes-
sin muß er sich noch einmal einer ähnlichen Prozedur
unterziehen. Reizvoll ist das Märchen wegen der ver-
fremdenden Kulissen, dem Meer. Freilich werden dessen
Wunderwelt und ihre Bewohner hier nicht so phantasie-
reich gezeichnet wie im späten ägyptischen Märchen *Von
'Abdallāh dem Landbewohner und 'Abdallāh dem Meermann*
(Li VI, 183–212).

Die Geschichte von Ali Baba und den vierzig Räubern

(Li II, 780–848 = JRAS 1910, 333–386; G XI, 66–172 = H VI 159–211)

Diese Geschichte, eins der beliebtesten Kindermärchen und für viele eins der repräsentativsten Stücke der Sammlung, findet sich in den arabischen Ausgaben der *Alf Laila wa-Laila* nicht. Im Grimmschen Märchen *vom Simeliberg* hat sie eine Entsprechung, die sicher auf sie zurückgeht.

GALLAND vermerkte am 27. 5. 1709 in seinem Tagebuch, HANNA DIAB habe sie ihm erzählt, und gibt ein Resümee. Es unterscheidet sich in einem Punkt von der Form der Geschichte, die er später in Band 11 seiner *Mille et Une Nuit,* offenbar nach einer schriftlichen Fassung Hannas, veröffentlichte. Erst zu Beginn dieses Jahrhunderts entdeckte der englische Orientalist D. B. MACDONALD unter den Handschriften der Bodleian Library in Oxford einen arabischen Text der Geschichte und veröffentlichte ihn 1910. Er ist bis heute der einzige arabische Text, abgesehen von einer Rückübersetzung der Gallandschen Fassung der *Geschichte von Ali Baba,* den wir besitzen. Macdonald berichtet allerdings von einem Syrer, der die Geschichte vor 1860 in Syrien gehört hatte. Er stellte ferner fest, daß die Kopie von einem Schüler des französischen Orientalisten S. DE SACY, JEAN VARSY, stammte und in der ersten Hälfte des 19. Jahrhunderts geschrieben wurde. Nach diesem arabischen Text, der in einer literarisierten Form der syrischen Umgangssprache abgefaßt ist, hat Littmann seine deutsche Übersetzung angefertigt. Daß es sich nicht um die Fassung handelt, die Galland oder doch dem Maroniten Hanna vorgelegen hat, wird aus einigen Unterschieden deutlich, die nicht nur durch die adaptierende Feder Gallands entstanden sein können. Insgesamt ist die Gallandsche Fassung – sie findet sich recht getreu in Deutsch wieder in der Übersetzung von M. HABICHT – wie gewohnt voller geschickt eingeflochtener rationaler Begründungen, voller Dialoge im höfisch-bürgerlichen Salonstil der Zeit. Sie ist in manchen Einzelheiten besser erzählt. Durch den arabischen Text, den LITTMANN übersetzt hat, dagegen ziehen sich einige mehr oder weniger aufgesetzt wirkende Erklärungen des Erzählers für möglicherweise begriffsstutzige Hörer/Leser, wie sie sich in Märchen der Sammlung nur selten finden. Der Erzähler wendet sich hier auch hin und wieder, den berufsmäßigen Erzählern gleich, ausdrücklich an sein Publikum. Auffällig ist, daß mehr moralisiert wird als bei G und daß die Handlungsweisen der Protagonisten meist ausführlich mit ihren Charaktereigenschaften begründet werden. Dies und Wendungen wie *Ferner berichtete mir der Erzähler, daß* . . . (Li II, 794), läßt die Geschichte weit mehr als ein Buchmärchen erscheinen als die Märchen etwa aus K.

Die Region Chorāsan, in der diese logisch aufgebaute und gut durchkonstruierte Geschichte angesiedelt ist, ergibt sich aus dem Reim auf ān in der arabischen Anfangsformel, zu dem der arabische Dual auf ān für die beiden Brüder sich gut fügt. Die Ausgangssituation ist in der Märchenliteratur der Welt nicht selten: Zwei Brüder als Gegenpole. Der eine ist arm, in der Fassung, die Littmann übersetzte, sogar ein verarmter Gelehrter oder doch ein Mann von Bildung. Das Gedicht, das hier zitiert wird, wirft ein Licht zuerst auf die Situation des gebildeten Proletariats – *Wissen bedeutet doch nichts ohne Macht* –, dann auf die der sozial Schwachen in der Niedergangszeit der islamischen Länder. Dieser verarmte Gebildete, Ali Baba, trägt einen türkischen Namen. Die Türken hatten vom 16. Jahrhundert an die arabischen Länder kolonialisiert, und türkische Namensformen finden sich dort bis heute. Ali Baba ist gut, fromm, ziemlich ängstlich und nicht sonderlich intelligent. Sein Bruder Kāsim hat sozial das bessere Los gezogen, eine reiche Frau geheiratet und ist wohlhabender Kaufmann. Da Ali Baba sich und seine Familie vom Holzfällen ernähren muß, beobachtet er eines Tages von einem Baum aus, auf den er in seiner Angst gestiegen ist, 40 Männer – später sind es mit dem Räuberhauptmann 41, bei G dagegen insgesamt 40 –, die er sofort als *Räuber und Wegelagerer* identifiziert und die auf märchenhafte Weise durch eine Stahltür in eine Felswand eindringen. Der Erzähler erklärt das ausdrücklich, als Ali Baba es später den Räubern nachtut:

> *Die Sache verhielt sich nämlich so: Diese Stätte war von den Geistern, den Mārids, hergerichtet, verzaubert und durch einen starken Talisman gebunden. Doch die Worte ›Sesam, öffne dein Tor!‹ waren die geheime Formel, die dazu bestimmt war, den Talisman zu lösen und die Tür zu öffnen* (Li II, 785).

Ali Babas drei Esel, das ist das einzig Unlogische, fielen den Räubern gar nicht auf. Die Schätze, die Ali Baba sieht, von kostbaren Speisen und Getränken über Gold und Silber, prachtvolle Stoffe und Gewänder, Edelsteine bis zu edlen Duftstoffen, werden mit ausgesprochener Freude am Luxus detailliert in Reimprosa beschrieben. Während es aber nun bei G nur kurz heißt: *Ali Baba schwankte nicht, welcher Entschluß hier zu fassen sei* (H VI, 163; G IX, 73), werden bei Mc/Li logische Erwägungen und moralisierende Begründungen angestellt. Sie sind auch vom Formalen her ungewöhnlich, denn sie erscheinen nicht im Selbstgespräch, sondern im auktorialen Bericht, gehen sogar, ungewöhnlich für arabische Texte des vorigen Jahrhunderts, in erlebte Rede über:

> *Darauf sagte er sich in Gedanken* (wörtlich: »*dachte er*«), . . . *dieser Schatz mußte schon vorhanden gewesen sein, ehe die Räuber auf ihn gestoßen waren; und jedenfalls hatten sie ihn nicht auf gesetzliche Weise und rechtlichem Wege erworben; so würde er denn auch, wenn er die Gelegenheit sich zunutze machte und ein wenig von all diesen unzählbaren Gütern an sich brachte, keine Schuld begehen, und brauchte sich keines Tadels zu versehen* (Li II, 787).

Als Ali Baba mit seinen Schätzen zu Hause anlangt, wird weiter moralisiert: Seine Frau macht ihm, effektvoll in Reimprosa, Vorhaltungen über das, wie sie annimmt, zu Unrecht erworbene Gut. Bei G fehlen diese Ermahnungen. Daß sie das Geld mit einem vom Bruder Ali Babas, Kāsim, geborgten Maß zählen will, denn ihr Haushalt ist so arm, daß er nicht über ein Maß verfügt, ist notwendig für den Fortgang der Geschichte. Die mißtrauische Frau des Bruders bestreicht den Boden mit Wachs – das im wärmeren Orient weicher bleibt – und schließt aus dem kleben gebliebenen Goldstück auf unermeßlichen Reichtum. Als ihr Mann abends heimkehrt, stachelt sie ihn auf, und auch ihn packt Neid. Der Erzähler konstatiert: *Denn er war neidisch und abgünstig, gemein und geizig* (Li II, 791). Auch daß Kāsim, nachdem er seinen Bruder zur Rede gestellt hat, allein zur Schatzhöhle geht, ist notwendig für den Fortgang. Nur so bleibt er, mit von Habgier getrübtem Erinnerungsvermögen, in der Höhle, hat das *Sesam öffne dein Tor!*, die Lösungsformel, vergessen und wird schließlich von den Räubern geviertelt.

Der ebenso traurige wie ratlose Ali Baba verläßt sich nun ganz auf seine Sklavin Mardschāna, eine *Perle*, wie ihr Name besagt. Bei Li ist sie erstaunlicherweise eine Abessinierin. Schwarze Sklaven, allerdings männliche, sind in K eher negative Gestalten.

Die Denkende und Handelnde ist von nun an Mardschāna. Sie geht mit trauriger Miene zu einem Spezereienhändler, kauft Salben und Arzneien für ihren angeblich kranken Herrn und verbreitet überall den Bericht von seiner Krankheit. Sie macht auf dem Basar den Schuhflicker Mustafa ausfindig, der seinen Laden stets lange vor allen anderen öffnet. Auf ihn also müssen später nicht nur nach Märchenlogik die Räuber stoßen, die bei Tagesanbruch in die Stadt kommen und nach dem Eindringling in ihre Schatzhöhle suchen. Zwar hätte die Leiche nicht unbedingt zusammengenäht werden müssen, man hätte sie ja auch, um die Verstümmelung zu verbergen, bedecken können, doch wird der Schuhflicker später als Wegweiser für die Räuber gebraucht. Zudem steigert das Nähwerk an einer gevierteilten Leiche in der Morgendämmerung die grausige Atmosphäre. Auch der Schuhflicker beruhigt seine moralischen Bedenken, nachdem er vorher sich schon hat von Mardschāna versichern lassen, er würde zu keinem Verbrechen abgeholt, an dem Blut des Mannes sei er unschuldig, und eine Leiche zusammenzunähen sei keine Sünde.

Die Räuber aber, die Kāsims Leiche nicht mehr in der Höhle finden, wittern Gefahr und sinnen auf Rache. Zwei Räuber werden, nachdem Mardschāna ihre Zeichen an der Tür Ali Babas stillschweigend wertlos gemacht hat, indem sie sie auch an andere Türen malte – erzählerisch wirkungsvoller, als wenn sie die Kreidekreuze einfach weggewischt hätte – vom Räuberhauptmann enthauptet.

Hier ist eine Steigerung zu beobachten, wie sie ihren Plan durchführen, und wie sie, nach mißglücktem Tun, zur Strafe enthauptet werden, auch dies, nahezu parodistisch, in Reimprosa. Der Räuberhauptmann, von der Intelligenz seiner Leute nicht mehr überzeugt, nimmt die Sache selbst in die Hand. Er merkt sich die Haustür auf Grund mehrerer Indizien und schmiedet seinen Plan zur *Blutrache* (für die Räuber, die er selbst getötet hat). Die Räuber als treue Diener ihres Herrn heißen den Plan gut. Sie kaufen bei Mc/Li, entsprechend ihrer ursprünglichen Zahl, 40 Schläuche, bei G 38. Das ist wiederum notwendig für den Fortgang der Geschichte. Würden nicht bei Mc/Li zwei Schläuche, bei G ein Schlauch mit Öl gefüllt, könnte Mardschāna später den Räubern nicht den Garaus machen.

Als der arglose Ali Baba den angeblichen Kaufmann mit seinen mit Schläuchen beladenen Maultieren bei sich aufnimmt, kommentiert der Erzähler:

Ali Baba war ein edler und hochgesinnter Mann, freigebig, von gutem Herzen, er hatte ein reiches Gemüt und dachte immer nur Gutes von den Menschen. So ahnte er denn nicht, daß der angebliche Kaufmann ihn belog . . . (Li II, 825).

Wieder ist Mardschāna die Retterin. Ihr Herr befiehlt ihr, da er am nächsten Morgen ins Bad gehen will, nicht nur die Badetücher herauszunehmen, sondern auch zu seiner Stärkung danach eine Brühe zu bereiten, und legt sich unbesorgt schlafen. Der Erzähler beruhigt seine Hörer/Leser: *Sehen wir nun, was der Hauptmann tat, indem wir uns sagen: ›Doch die Hilfe steht bei Allah!‹* (Li II, 827). Er schildert dann ebenso realistisch wie spannungsfördernd, wie Mardschānas Lampe erlischt, weil das Öl ausgebrannt ist, im Hause weder welches zum Nachfüllen noch Kerzen zu finden sind, und wie ihr der Knecht 'Abdallāh, der auch später noch als Statist gebraucht wird, rät, aus den Schläuchen des Ölhändlers Nachschub zu holen. Als sie die Situation begreift – die unbequeme Lage der Räuber in den Schläuchen beschreibt der Erzähler beeindruckend in

Prosareimen –, bekommt auch sie es mit der Angst. Jedoch: *Jemand anderes als sie wäre vor Schrecken umgefallen oder hätte laut geschrien; aber sie hatte ja ein mutiges Herz und einen schnellen Verstand* (Li II, 828). Allein, ohne die Hilfe des Knechts ʿAbdallāh, faßt sie nicht nur ihren Plan, sondern führt ihn aus, füllt den großen Kessel mit Öl aus den zwei Schläuchen, heizt es an und tötet kaltblütig 38 Räuber, indem sie ihnen das siedende Öl auf den Kopf gießt. Als sei das gar nichts, kocht sie anschließend auftragsgemäß die Fleischbrühe fertig und beobachtet kühlen Sinns das Verhalten des Räuberhauptmanns. Die Schmerzen der Räuber spart der Erzähler aus – Märchen tun das mit Schmerzen fast immer –, nicht aber den Geruch.

Als Ali Baba sorglos und entspannt aus dem Bade kommt – der Gegensatz zur grausigen Szene vorher ist literarisch wirkungsvoll –, klärt sie ihn auf, nicht ohne dabei moralisierend auf die gerechte Strafe für Tücke und Gemeinheit und sich selbst preisend auf ihre Tüchtigkeit zu verweisen. Mütterlich ermahnt sie ihn, Ruhe zu bewahren, um die Nachbarn nicht aufzuschrecken und stärkt ihn vorsorglich mit Brühe, bevor sie ihm erzählt, was geschehen ist. Bezeichnend ist, daß bei Mc/Li Ali Baba zunächst Allah für seine Rettung von der Gefahr dankt, erst dann Mardschāna. Diese mit ihrer Intelligenz und Tatkraft ist also nur Werkzeug Allahs. Bei G sieht er, das ist europäisch gedacht, vorwiegend in Mardschāna die Retterin. In beiden Fassungen läßt er sie zum Dank frei und verheißt ihr weitere Wohltaten – auch ein Hinweis auf die kommende Handlung. Die körperliche Arbeit, das Begraben der 37/38 Räuberleichen, erledigt Ali Baba aus eigenem Entschluß mit Hilfe des Knechts ʿAbdallāh.

Der Erzähler wendet sich nun dem entflohenen Räuberhauptmann zu. Bei Mc/Li, das dürfte die ursprüngliche arabische Fassung sein, bricht dieser in Tränen des Selbstmitleids über seine Einsamkeit und das Scheitern seiner Pläne aus. Bei G ist nach europäischer Auffassung von einem Räuberhauptmann nur von *unbeschreiblichem*

Ärger, heftiger Bewegung oder vielmehr Bestürzung über den unglücklichen und widrigen Erfolg die Rede. Wie der Plan des Räuberhauptmannes im einzelnen aussieht, verrät der Erzähler nicht. Aber er beschreibt nicht nur die kostbaren Stoffe, die er in die Stadt schafft, sondern auch sein Gebaren als Kaufmann genüßlich in Reimprosa, nicht ohne darauf zu verweisen: *Und dabei war dies alles doch gegen seine Natur, denn er war innerlich roh und hart, von grober und rauher Art . . .* (Li II, 837). Es ist der *Allgerechte und Glorreiche,* der, *um seinen Plan auszuführen und seine Fügung an dem Menschen zur Tat zu machen,* es so bestimmt hat, daß der »Kaufmann« seinen Laden im Basar genau gegenüber dem von Ali Babas Sohn aufschlägt. Es gelingt ihm leicht, mit diesem Sohn – er wurde vorher nicht sehr glaubwürdig vom Erzähler als zwölfjährig eingeführt – Freundschaft zu schließen und in Ali Babas Haus zu gelangen. Daß der »Kaufmann« Böses im Sinn führt, werden dem Hörer/Leser und der Sklavin Mardschāna daraus deutlich, daß er seine Speisen ohne Salz erbittet – gemeinsames Verzehren von Salz verbindet Gast und Gastgeber. Ali Baba und sein Sohn schöpfen keinen Verdacht. Der Gegensatz zwischen der Ahnungslosigkeit, in der die Gefährdeten handeln, und der Klugheit Mardschānas macht die Atmosphäre der weiteren Handlung reizvoll. Den Plan des Räuberhauptmanns, seine Gastgeber betrunken zu machen, aber selbst nüchtern zu bleiben, sie dann zu töten und zu fliehen, enthüllt der Erzähler, um sein Publikum darauf gespannt zu machen, wie Mardschāna ihn vereitelt. Verführerisch gekleidet tanzt sie einen Schwertertanz, musikalisch begleitet vom Sklaven 'Abdallāh, und ersticht den Räuberhauptmann, als der in sein Gewand greift, um Geld auf ihren Tamburin zu legen. Ali Baba und sein Sohn überschütten sie bei Mc/Li – G hat das auf ein Minimum gekürzt – einstimmig mit einer Kaskade von Schimpfwörtern. Doch sie entgegnet kühl: *Beruhigt euch! Besänftigt eure Erregung!* und klärt sie in Reimprosa über den Grund für ihre Tat wie über die Verruchtheit ihres Gastes auf. Nun kommt der zweite Teil der ihr verheißenen Belohnung: Ali Baba gibt sie seinem Sohn zur Frau, und der, als gehorsamer Sohn und um das Happy-End vorzubereiten, sagt, sich mit ihr zu vermählen, sei schon immer sein höchster Wunsch gewesen.

Mit Sinn fürs realistische Detail rundet der Erzähler die Geschichte ab: Der Räuberhauptmann wird heimlich eingescharrt, sein Vermögen fällt dem Staatsschatz anheim. Ali Baba und sein Sohn begeben sich erst nach dessen prachtvoller Hochzeit mit Mardschāna wieder zur Schatzhöhle, weil sie bis dahin befürchten, die beiden Räuber, über deren Verbleib sie nichts wissen, könnten als Bedrohung auftauchen. Doch alle Gefahr ist beseitigt, und die Schätze der Höhle verheißen Glück bis ans Lebensende.

Ein Zaubermotiv hat die Ali-Baba-Geschichte nur in der *Sesam-öffne-dein-Tor!*-Formel – bei G kommt noch ein *Sesam schließ dich!* dazu –, ansonsten ist sie eher eine gut aufgebaute Kriminalgeschichte oder auch die Geschichte der Bedrohung des Guten durch Bösewichter, aus der der Gute, wie im Märchen und im Krimi üblich, glücklich und gestärkt hervorgeht, hier freilich nicht aus eigener Kraft. Das Gute, verkörpert im ebenso rechtschaffenen wie arglos-naiven Ali Baba und später auch seinem Sohn, ist bedroht zunächst durch den Neid des habsüchtigen Bruders, und als der sein wohlverdientes Ende findet, schlimmer gefährdet durch die Räuber. Die aber, auch ihr Verruchtester weil Klügster, finden ihren Meister in der klugen Sklavin Mardschāna. Als tatkräftige Helferin des Guten führt sie ihn zum Sieg und Glück im Wohlstand, an dem durch eine Ehe teilzuhaben ihren Lohn darstellt.

Die Geschichte von 'Alā ed-Dīn und der Wunderlampe

(Li II, 649–780 = Z, 1–82)

Dieses in Europa wohl beliebteste Zaubermärchen, in jeder Kinderausgabe von Tausendundeiner Nacht enthalten, gibt einige Rätsel auf.

GALLAND hat in seinem Tagebuch unter dem 5. 5. 1709 vermerkt, HANNA DIAB habe es ihm erzählt. Zwei arabische Textformen wurden erst Ende des vorigen Jahrhunderts entdeckt. Der französische Orientalist ZOTENBERG veröffentlichte die eine, die sich in der Kopie einer Bagdader *Alf-Laila*-Handschrift aus dem Jahr 1703 findet, 1888. Zotenberg verweist darauf, daß der Kopist, ein syrischer Christ namens MICHAIL SABBAGH, sehr genau arbeitete, daß er die Abschrift in Paris auf europäischem Papier fertigte, daß sie dem französischen Arabisten CAUSSIN DE PERCEVAL, aus dessen Nachlaß sie in den Besitz der Bibliothèque Nationale gelangte, 1806 noch nicht bekannt war. 1806 hatte Caussin die Gallandschen *Les Mille et Une Nuit* aus Handschriften, die er erworben hatte, weitergeführt. Zotenberg sagt, daß dieser arabische Text so sehr dem Gallandschen französischen ähnele, daß er sich nicht vorstellen könne, Hanna habe die Kopie, die er Galland übergab, aus dem Gedächtnis niedergeschrieben. LITTMANN hat mehrfach darauf verwiesen, daß die Geschichte Europäismen aufweist, daß manches in ihr ganz unarabisch gedacht sei (u. a. Li VI, 677). H. und S. GROTZFELD (1984) dagegen betonen, daß die sprachliche Gestalt unzweifelhaft die syrische Umgangssprache darstelle. Freilich macht die sprachliche Form allein nicht das Wesen einer Geschichte aus, ist nicht einziges Indiz für deren Herkunft. Ein Syrer könnte ohne weiteres eine ihm aus Europa bekannte Geschichte in der syrischen Umgangssprache nacherzählen. Tatsächlich hat Littmann, der wie jeder gute Übersetzer ein feines Gespür für seine Texte entwickelte, recht, wenn er generell auf *Unarabisches* in der Geschichte hinweist. MIA GERHARDT fiel, ebenfalls zu Recht, auf, daß sie im Vergleich zu ägyptischen Zaubermärchen der Sammlung so übermotiviert und voller begründender Kommentare ist wie die Gallandsche Übersetzung.

Inhalt wie Erzählweise des Märchens erinnern in manchem an europäische Kunstmärchen in orientalischem Gewand. Daß die Geschichte des armen Jungen, der durch Zufallsgunst und eigenes Geschick zu Reichtum und Glück gelangt, gewisse Parallelen zur Vita Gallands aufweist, der als Sohn einer armen Witwe auf Grund seiner

Fähigkeiten wie seines Glücks – eben des Funds der *Nächte* – zu Ansehen kam, sagt ebenfalls schon M. Gerhardt. Sie meint aber, ein solches Maß an schöpferischer Phantasie habe wohl doch Gallands Begabung überstiegen. Gegen das letztere spricht die künstlerische Gestaltung, die er Geschichten angedeihen ließ, von denen ihm augenscheinlich nur ein kurzes handschriftliches Resümee als Gedächtnisstütze vorlag. Welchen Grund sollte Galland aber gehabt haben, die Nachwelt durch sein Tagebuch in die Irre zu führen? Jedenfalls enthält *'Alā' ed-Dīn* durchaus Motive, die aus ägyptischen Märchen der Sammlung bekannt sind, auch aus solchen, die Galland nicht vorgelegen haben, vor allem dem *vom Schuhflicker Ma'rūf*.

'Alā' ed-Dīn, der Sohn des ärmsten Schneiders einer Stadt in China, ist zu Beginn der Geschichte ein solcher Taugenichts, daß sich sein Vater über ihn zu Tode gegrämt hat und seine Mutter sich und den Jungen durch Spinnen ernähren muß. Daß sie ihm bittere Vorwürfe macht, entspricht dem Geist europäischer moralisierender (Kinder-)Märchen. In Märchen aus Tausendundeiner Nacht sind weder Faulheit (etwa bei *Abu Mohammed, dem Faulpelz*), noch mangelnde Intelligenz einer männlichen Heldenfigur abträglich, und didaktische Züge dieser Art weisen sie nicht auf. Die Didaktik der Fabeln geht in eine andere Richtung.

Im Lauf der Handlung aber entwickelt sich dieser Tunichtgut zu einem Märchenhelden, der eigentlich mehr europäischen bürgerlichen Vorstellungen vom Tüchtigen entspricht, der sein Glück geschickt zu nutzen und Anschlägen auf es aus eigener Kraft zu begegnen weiß, als das sonst irgendwo in Tausendundeiner Nacht der Fall ist. Der maurische Magier weiß in dem arabischen Text, den Littmann übersetzt hat, daß Schatz und Zauberlampe nur durch 'Alā' ed-Dīn ans Tageslicht befördert werden können, sie sind also an ihn magisch gebunden. Bei G dagegen trifft er – weniger logisch –

mehr zufällig auf den Jungen, sucht ihn sich unter anderen Gassenbuben heraus. Der Magier übertölpelt 'Alā' ed-Dīn und seine Mutter durch Versprechungen und Geschenke. Er gibt vor, der Bruder von 'Alā' ed-Dīns Vater zu sein, führt ihn zu den Sehenswürdigkeiten der Stadt, *auch ging er mit ihm in das Schloß des Sultans und zeigte ihm all die prächtigen großen Gemächer* (Li II, 660). Das Schloß des orientalischen Sultans erscheint hier also wie ein europäisches Schloßmuseum neuerer Zeit. Ganz im Stil der Gallandschen Übersetzung sind begründende Passagen wie diese:

> *Weil nun aber 'Alā' ed-Dīn solche Dinge noch nie in seinem Leben gesehen hatte und auch noch nicht erwachsen genug war, um den Wert dieser Kleinodien zu erkennen, sintemalen er ja auch ein junger Bursche war, so dachte er, all diese Edelsteine wären aus Glas oder Kristall* (Li II, 668 f.).

So wie diese Vorstellungen 'Alā' ed-Dīns – er hält die Edelsteine in der Höhle erst für eßbare Früchte, dann beschließt er, sich eine Sammlung zum Spielen anzulegen – nicht, wie man es aus anderen Erzählungen der Sammlung kennt, in Selbstgesprächen deutlich werden, wird auch das, was sich danach abspielt, vom Erzähler vorgetragen und offenbart sich nicht, wie in anderen Geschichten, in Dialogen. Der Maure dringt in den Jungen, ihm die Lampe zu geben, doch der hat sie so tief unter seinen Kleidern und den Juwelen verborgen, daß er sie nicht hervorziehen kann. Der Maure schäumt vor Wut. *'Alā' ed-Dīn aber versprach ihm, er wolle sie ihm geben, wenn er aus dem Gang herauskäme, ohne falsche Hintergedanken und ohne böse Absicht* (Li II, 670). In anderen Geschichten der Sammlung werden solche Fakten in dramatisierter Form und ohne zusätzliche Erklärungen durch den Erzähler dargestellt. Der immer noch kindlich einfältige 'Alā' ed-Dīn erprobt nur durch Zufall, als er händeringend Allah um Hilfe anfleht, die Kraft des Zauberrings, den ihm der Magier gegeben hat, und kommt so durch den Diener des Rings aus der Höhle frei, in der ihn der rasende Maure eingeschlossen hat. Dann aber läuft er den weiten Weg zurück, statt sich, wie es ja auch möglich gewesen wäre, gleich vom dienenden Geist nach Hause befördern zu lassen.

Er erzählt der Mutter seine Erlebnisse, so wie in anderen Geschichten vorher Geschehenes dem Leser/Hörer immer noch einmal ins Gedächtnis gerufen wird. Doch werden hier die Gefühle, die zu Tränen, Ohnmachten und ähnlichem führen, benannt: *Und dabei, liebe Mutter, hat er mir auch noch einen Schlag versetzt, daß ich vor Schmerzen die Besinnung verlor* (Li II, 677). Im folgenden aber berichtet nicht mehr das arglose Kind 'Alā' ed-Dīn, sondern der Junge, der den Magier durchschaut hat, spricht wie ein allwissender Erzähler:

> *Nachdem er mich aber geschlagen hatte, sah er sich gezwungen, sich wieder zu besänftigen, damit er mich überredete, in die offene Schatzhöhle hinabzusteigen, und damit er sein Ziel erreichte* (Li II, 677 f.).

Daß der hohe Wert der Edelsteine und anderer Kostbarkeiten, auch erlesener Speisen, immer wieder dadurch bestätigt wird, daß es heißt, so etwas besäßen nicht einmal Könige, ist durchgängig auch in der Geschichte *vom Schuhflicker Ma'rūf* der Fall, die ebenfalls das Motiv der Schatzhöhle und helfender Geister enthält.

'Alā' ed-Dīn ist durch dieses Erlebnis geistig über seine Mutter hinausgewachsen. Sie bleibt die ganze Geschichte hindurch einfältig, gütig und gutgläubig und fällt damit völlig aus dem Klischeebild der verschlagenen Alten in der Sammlung. Obwohl 'Alā' ed-Dīn begriffen hat, daß es dem Magier vor allem auf die Lampe ankam, will er sie auf dem Basar verkaufen, damit er für sich und seine Mutter etwas zu essen erwerben kann – der Geist des Rings ist vergessen. Für den Fortgang der Handlung ist das allerdings notwendig: die Mutter putzt die schmutzige Lampe, und so erscheint der *Diener der Lampe,* ein weitaus mächtigerer Geist als der *Diener des Rings.* Jetzt erst erkennt der Junge ihren wahren Wert. Bereits abgehärtet durch den Anblick des Ringdieners erträgt 'Alā' ed-Dīn auch den furchtbareren des gewaltigeren Geists – im Gegensatz zu seiner Mutter, *die in ihrem Schrecken ohnmächtig zu Boden sank* (Li II, 680). So überzeugt er auch später seine Mutter mit höflichen Worten und logischen Argumenten, daß Lampe und Ring nicht fortgeworfen werden dürfen, worum sie ihn in ihrer Einfalt gebeten hat.

Als die kostbaren Speisen, die der Geist der Lampe brachte, *rasch und mit heißer Eßlust* verzehrt sind, bestellt ʿAlāʾ ed-Dīn nicht etwa neue, sondern ergreift die Initiative. Er verkauft nach und nach die goldenen – später sind es silberne – Schüsseln und den Tisch, allerdings an einen betrügerischen Juden. Erst nachdem der Diener ihm ein zweites Mal einen Tisch voll köstlicher Speisen in kostbaren Schüsseln gebracht hat und er die verkaufen will, gerät er zufällig an einen Goldschmied, *der ein ehrlicher, frommer und gottesfürchtiger Mann war.* Die nun folgende Bemerkung des Erzählers:

> *ʿAlāʾ ed-Dīn und seine Mutter waren nun wohlhabender; aber sie lebten weiter wie bisher als Leute des Mittelstands, ohne zuviel auszugeben und ohne Geld zu verschwenden* (Li II, 687),

entspricht europäischem sparsamem Mittelstandsdenken, keineswegs arabischer Freude am Wohlleben und Geldausgeben, wie sie etwa aus der *Maʿrūf-Geschichte* deutlich wird.

Von jetzt an ist ʿAlāʾ ed-Dīn erwachsen, ein anderer Mensch:

> *ʿAlāʾ ed-Dīn gab nun auch das Nichtstun und den Verkehr mit den bösen Buben auf und begann, mit den rechtschaffenen Männern zu verkehren; jeden Tag ging er zum Basar der Kaufleute, setzte sich zu vornehm und gering unter ihnen und fragte nach den Handelsverhältnissen, nach den Preisen und Waren und dergleichen. Auch ging er zum Basar der Goldschmiede und dem der Juweliere, und dort pflegte er zu sitzen, um sich mit den Juwelen vertraut zu machen und dem Kauf und Verkauf von Edelsteinen zuzusehen* (Li II, 678 f.).

Er erkennt so den Wert der Juwelen, die er aus der Schatzhöhle mitbrachte. Auf dem Basar der Goldschmiede hört er auch einen Herold den Badbesuch der Prinzessin Badr el-Budūr *Der Mond der Monde* verkünden und jedem die Todesstrafe androhen, der versucht, sie zu erblicken – eine Sitte, die im damaligen Europa aus Berichten Orientreisender bekannt war. 'Alā' ed-Dīn übertritt das Verbot, sieht die Prinzessin ihren Schleier lüften, und: *Seine Kraft brach zusammen, seine Gedanken wurden verwirrt, sein Blick bezaubert, und die Liebe zu ihr erfüllte sein ganzes Herz* (Li II, 689). Er bittet seine Mutter, beim Sultan um die Hand der Prinzessin zu werben. Doch die Mutter, untypisch für ein Volksmärchen, selbst ein literarisiertes, macht ihn auf seinen sozialen Status aufmerksam: *Mein Kind, du bist der Sohn des ärmsten und geringsten Schneiders, den es in dieser Stadt gibt; auch ich, deine Mutter, stamme von ganz armen Leuten ab* (Li II, 691 f.). Der Hinweis auf die niedrige soziale Herkunft der Mutter entspricht ebenfalls nicht arabischen Sozialnormen des späten Mittelalters. Die Begründungen der Mutter, warum der König ihrem Jungen seine Tochter gar nicht geben könne, erinnern eher an didaktische europäische Märchen als an Märchen aus Tausendundeiner Nacht in ihrer Unbekümmertheit um soziale Schranken:

> . . . *wenn du willst, so will ich dir eine Frau suchen unter unseresgleichen und Leuten unseres Standes. Aber sie werden sofort fragen, ob du ein Handwerk hast oder Landbesitz, ein Gewerbe oder einen Garten, um davon zu leben. Was soll ich ihnen dann antworten? . . . Ja, mein Kind, ich weiß, daß der Sultan milde ist . . . er ist gütig und gnädig gegen nah und fern; aber er erweist seine Gnade auch nur dem, der ihrer wert ist, der vor ihm eine Heldentat im Kriege vollbracht hat oder der sein Land geschützt hat. Und du nun, mein Sohn, sag mir, welche Großtat hättest du wohl vor dem Sultan oder vor der Regierung vollbracht, daß du von ihm einen solchen Gnadenbeweis verdientest? . . .* (Li II, 692 f.)

Doch 'Alā' ed-Dīn kennt das dem Sultan angemessene Geschenk, von dem sie meint, er habe es nicht: die Juwelen aus der Schatzhöhle. Tatsächlich sind sie es, die den König bewegen, in dem ihm noch ganz unbekannten 'Alā' ed-Dīn den geeigneten Schwiegersohn zu sehen, nachdem er sich gnädig der ärmlich gekleideten Frau zugewandt hat, die immer wieder in seiner *Staatsversammlung* erschienen ist, ohne ihm etwas anzutragen.

Doch noch ist ähnlich wie im *Maʿrūf-Märchen* ein Wesir dem Glück im Wege. Der will die Prinzessin aber nicht als Frau für sich, sondern für seinen Sohn. Auf Anraten des Wesirs setzt der König eine Frist von drei Monaten. Kurz vor deren Ablauf wird die Hochzeit des Wesirssohns mit der Prinzessin verkündet. ʿAlāʾ ed-Dīn erfaßt *ein Fieberanfall vor Kummer,* doch er entsinnt sich der Lampe. Mit Hilfe ihres Dieners macht er den Vollzug der Ehe unmöglich, läßt Braut und Bräutigam auf ihrem hochzeitlichen Lager in seine ärmliche Behausung tragen. Der Bräutigam muß die Nacht, von Dämons-Odem erstarrt, elend auf dem Abtritt zubringen. Neben die Braut legt sich ʿAlāʾ ed-Dīn, aber zwischen sie und sich sein Schwert. Nach zwei Nächten voll solcher Torturen tritt der Bräutigam von der Ehe zurück – nach islamischem Recht kann eine nicht vollzogene Ehe leicht annulliert werden.

ʿAlāʾ ed-Dīns Mutter erscheint nach Ablauf der Frist bei Hofe, um den Sultan an sein Versprechen zu erinnern. Der Wesir verfällt auf eine Freierprobe, bei der nicht Scharfsinn oder Tapferkeit des Freiers gefragt sind, sondern sein Reichtum. Er rät dem angesichts des ärmlichen Aussehens der Mutter zögernden König:

> *Mein Rat geht dahin, daß du von ihm 40 Schüsseln aus reinem Waschgold verlangst, die mit solchen Edelsteinen gefüllt sein sollen, wie die Frau sie dir damals brachte, ferner 40 Sklavinnen, die die Schüsseln tragen, und 40 Sklaven* (Li II, 717).

Mit Hilfe des Dieners der Lampe besteht ʿAlāʾ ed-Dīn die Probe mühelos. Für den König sind die strahlenden Schätze stichhaltiges Argument. Noch immer kennen weder er noch seine Tochter den Freier, die Tochter wird auch gar nicht gefragt, wie das in anderen Märchen der Sammlung vorkommt. Vielmehr akzeptiert der König mit den Edelsteinen den Schwiegersohn, der sie über seine Mutter liefert. Die Prinzessin ist zunächst vom Anblick der Juwelen, dann auch von der Schönheit und Anmut der Sklavinnen überwältigt. Beides ist ihr Garantie genug für die Qualität des neuen Bräutigams.

'Alā' ed-Dīn hat nun endgültig den Mittelstand überwunden. Ein Mārid, ein Geist, muß ihn in ein Bad bringen, *ganz aus Marmor und Karneol,* mit einer Halle, *die ganz mit kostbaren Edelsteinen ausgelegt war.* Er läßt sich *das allerprächtigste Königsgewand* bereitlegen, nimmt vorher noch *Scherbette und Kaffee mit Ambra,* und besprengt sich abschließend mit kostbaren Wohlgerüchen. Hier preist der Erzähler Gott als Verändernden: *Preis sei ihm, der verändert und unveränderlich ist.* 'Alā' ed-Dīn vervollkommnet sich mit einem königlichen Gefolge, einem ebensolchen Hengst und denkt endlich auch an das Äußere seiner Mutter. Seine Mamluken verteilen großzügig Goldstücke unters Volk.

Das Volk aber erstaunte über die Freigebigkeit und die ganz außergewöhnliche Großmut 'Alā' ed-Dīns, und alle waren entzückt, als sie seine herrliche Schönheit und seine majestätische Würde sahen, und sie priesen den Barmherzigen für diese edle Gestalt; alle riefen den Segen des Himmels auf ihn herab, obgleich sie ihn als den Sohn des Schneiders Soundso erkannten. Keiner beneidete ihn, sondern ein jeder rief: ›Er verdient es!‹ (Li II, 726)

Reichtum bringt also Schönheit und Popularität. Und wie beim *Schuhflicker Ma'rūf* zieht einmal erworbenes Ansehen weiteres nach sich. Mit der Wertschätzung, die 'Alā' ed-Dīn genießt, wachsen seine Fähigkeiten, verfeinern sich wie von selbst seine Umgangsformen, veredelt sich seine Redeweise. Sein Ruhm wächst weiter, als er mit Hilfe des Dieners der Lampe über Nacht ein prachtvolles Schloß errichten läßt. Die Bemerkung des neidischen Wesirs, all dies könne nur durch Zauberei geschehen sein, richtet beim Sultan nichts aus. Aber immer noch einmal erfolgt ein Hinweis auf den sozialen Aufstieg des Helden:

Der Sultan aber wunderte sich in Gedanken über die Mutter 'Alā' ed-Dīns, wie sie früher in ärmlichen Kleidern zu ihm zu kommen pflegte, während ihr Sohn doch über so gewaltige Reichtümer verfügte (Li II, 734).

'Alā' ed-Dīn ist nun der vollkommene Märchenheld. Er brilliert auch in ritterlichen Künsten, besiegt alle im Kampfesspiel und macht die Prinzessin, die ihn vom Fenster aus erblickt, in sich verliebt. Völlig europäisch gedacht ist, daß die Prinzessin *von den Frauen und Männern, die in ihrem Palast waren,* auf ihrem Hochzeitszug begleitet wird (Li II, 737). Sie könnte allenfalls von Frauen und Verschnittenen geleitet werden. Die Zurschaustellung der Braut in einem Prachtgewand nach dem anderen dagegen findet sich in anderen Märchen der Sammlung ebenfalls. Ganz und gar unislamisch ist angesichts der Geschlechtertrennung im Islam das gemeinsame Festessen von Braut, Bräutigam und Sultan und all seinem Gefolge, *allen Wesiren und Vornehmen des Reichs* (Li II, 739).

Doch wie im Märchen *vom Schuhflicker Ma'rūf* geht die Handlung dicht am Happy-End vorbei auf eine Gefahr zu. Der maurische Zauberer hat durch geomantische Künste erkannt, wie es um 'Alā' ed-Dīn und die Lampe steht. Er ersinnt eine List, auf die die kindlich harmlose Prinzessin, die so ganz anders ist als Frauenfiguren in Tausendundeiner Nacht, hereinfällt. Er gelangt in den Besitz der Lampe, damit auch ihres Dieners und läßt Schloß und Prinzessin nach Afrika bringen. Der erzürnte König befiehlt 'Alā' ed-Dīns Hinrichtung – der befindet sich aber gerade auf der Jagd. Doch das Volk droht mit Rebellion. Der Sultan vergibt, fordert aber 'Alā' ed-Dīn bei Androhung der Todesstrafe auf, die Prinzessin innerhalb von 40 Tagen herbeizuschaffen. 'Alā' ed-Dīn, gebeugt von der *Schmach dieses Erlebens, der Scham und der Schadenfreude der Neider* (Li II, 756), irrt hilflos umher und will sich ins Wasser stürzen. Als frommer Muslim jedoch schreckt er zurück und geht daran, am Flußufer die religiöse Waschung zu vollziehen. Zufällig berührt er dabei den Zauberring, den er ganz vergessen hatte, und muß feststellen, daß der Diener des Rings weniger mächtig ist als der der Lampe und das Schloß nicht wieder herbeizuzaubern vermag. Doch er kann ihn nach Afrika zum Schloß bringen und schafft damit die Voraussetzung für weitere Spannung und Scharfsinnsbeweise ʿAlāʾ ed-Dīns. Mit Hilfe seines Verstandes und seiner Beliebtheit kann er sein Schicksal erneut zum Guten wenden. Er überredet die Prinzessin zu einer List, um dem Magier die Lampe wieder abzunehmen. Typisch für den Gallandschen Stil sind die moralischen Bedenken der Prinzessin, die den Magier betäuben soll, und wie sie sie überwindet:

> *Das ist für mich eine Aufgabe, die ich nur sehr schwer zu erfüllen vermag. Doch da wir von der Gemeinheit dieses Verruchten, der mich durch die Trennung von dir und von meinem Vater so gequält hat, befreit werden können, ist es erlaubt, den Schurken zu töten* (Li II, 761).

Schloß, Prinzessin, Gefolge und ʿAlāʾ ed-Dīn werden vom Diener der Lampe zurückbefördert. Doch noch immer ist kein Happy-End in Sicht.

Der Magier hat einen ebenso bösen Magier-Bruder, der Blutrache üben will und dazu auf hinterhältige Weise eine Heilige umbringt, um sich ihr Äußeres geben zu können. Die wiederum gutgläubig-harmlose Prinzessin nimmt die vermeintliche Heilige im Schloß auf. Diese entlarvt sich selbst dadurch, daß sie die Prinzessin an ʿAlāʾ ed-Dīn eine Forderung stellen läßt, die den Diener der Lampe schwer erzürnen muß: das Ei des Vogels Ruch sei das Nonplusultra für den prächtigen Palast. Das aber ist die Herrin des Dieners der Lampe. Der ergrimmt, klärt jedoch ʿAlāʾ ed-Dīn auf und verzeiht. Zum Entsetzen der Prinzessin tötet der Held auch den zweiten Magier. Dessen Asche wird wie die seines Bruders in alle Winde zerstreut. Die Prinzessin und ʿAlāʾ ed-Dīn lieben sich noch inniger. Schließlich wird ʿAlāʾ ed-Dīn selbst König, spricht Recht und Gerechtigkeit über die Untertanen, und alles Volk liebt ihn.

Ein Märchen also, das eine ganze Anzahl orientalischer Motive enthält – eine amerikanische Archäologin will in der Beschreibung der Schatzhöhle ein ganz bestimmtes Pharaonengrab in Ägypten erkannt haben. Es ist aber doch in vielem nach europäischem Geschmack, europäischen Vorstellungen der Zeit Gallands gestaltet. Die Sprache des Originals wirkt allerdings schlichter als Littmanns Übersetzung.

Als Motto könnte man darüber nicht nur stellen *Reichtum öffnet Tür und Tor* oder *Glück bringt Tüchtigkeit und Erfolg,* sondern auch *Der Erfolg gehört dem Tüchtigen,* ein Motto, das dem europäischen Bürgertum in der Zeit des aufblühenden Kapitalismus sicher sehr genehm war und das heute noch jugendlichen Träumen von eigenen Fähigkeiten als sicherem Mittel zu sozialem Aufstieg entgegenkommt. Dieser Grundgedanke war es wohl, der, umleuchtet von den glitzernden Schätzen, diese Geschichte für Europäer zu einem der Märchen der Sammlung überhaupt machte, denn in keinem Märchen von Tausendundeiner Nacht, das erkannte auch Mia Gerhardt, ist soviel von prachtvollen Edelsteinen die Rede.

Die Geschichte von dem Schuhflicker Maʿrūf

(Li VI, 564–635 = K IV, 677–726)

Dieses humorvolle späte Märchen aus der ägyptischen Rezension ist vermutlich in keiner Kinderausgabe von Tausendundeiner Nacht zu finden.

Es beginnt, ohne die übliche Anfangsformel der Zaubermärchen, mit dem Ort der Handlung, Kairo, *der wohlverwahrten Stadt.* Der Name des Helden – Maʿrūf heißt *Güte; Wohltätigkeit,* auch *Geziemendes* – wie der Beiname seiner Frau Fātima, *das Scheusal* (wörtlich *Räude, Krätze*), stimmen den arabischen Konsumenten auf die – märchenübliche – Schwarz-Weiß-Malerei ein, die nun detailliert folgt: Fātima, die

> *frech und boshaft war, arm an Scham, aber reich an Ränken . . .*
> *herrschte über ihren Mann, und jeden Tag beschimpfte und ver-*
> *fluchte sie ihn wohl tausendmal. Er aber fürchtete sich vor ihrer Bos-*
> *heit und ängstete sich vor ihrem argen Tun; denn er war ein Mann*
> *von milder Art, der auf seinen guten Ruf bedacht war* (Li VI, 564).

Fātimas Bosheit wird dann aus ihrem Tun drastisch deutlich: sie verlangt von ihrem Mann eine süße Nudelspeise mit Bienenhonig, obwohl sie weiß, daß er das Geld dafür nicht hat, und droht ihm, ihre Rolle gewissermaßen mit der Stimme des Erzählers kommentierend: *Wenn du ohne die nicht kommst, dann mache ich dir die Nacht so schwarz, wie dein Glück es war, als du mich zur Frau nahmst und mir in die Hände fielst* (Li VI, 565).

Maʿrūf setzt sich, Allah um Beistand anflehend, in seinen Laden, aber niemand bringt ihm Arbeit. Doch Allah schickt Hilfe durch den Nudelbäcker. Der sieht ihn weinend vor seinem Laden stehenbleiben und gibt ihm mitleidig nicht nur Nudelspeise, sondern dazu Geld für Brot, Käse und Badbesuch und stundet ihm die 15 Para. Fātima macht ihrem Beinamen weitere Ehre, sie wirft ihrem Mann die Speise ins Gesicht, weil sie nicht, ihrem Wunsch gemäß, mit Bienen-, sondern mit (eigentlich kostbarerem) Zuckerhonig bereitet wurde, und schlägt ihm einen

Zahn aus. Als es zu einer Prügelei zu kommen droht, eilen die Nachbarn zu Hilfe. Sie reden Fātima gut zu und stiften vorerst Frieden. Ma'rūf ißt, *von brennendem Hunger gequält,* vergnügt die Speise, ohne sich um die Flüche seiner Frau zu scheren. Da sie am nächsten Morgen drohend die Ärmel hochkrempelt, um ihn wieder zu schlagen, eilt er ängstlich davon, um ihr nun wirklich das Verlangte zu bringen. Doch als er nach dem Moscheebesuch auf Arbeit wartend im Laden sitzt, erscheinen zwei Boten des Kadis, denn seine Frau hat ihn verklagt. Auch der Kadi hat Mitleid mit dem armen Mann: statt ihm Geld abzunehmen, reicht er ihm einen Vierteldinar für Nudelspeise. Daß Ma'rūf ihn bittet, das Geld Fātima zu geben, kennzeichnet ein weiteres Mal seine Güte, ist aber auch für den Fortgang der Handlung nötig, denn die Boten, die ihn zum Kadi brachten, verlangen ihren Lohn, er hat kein Geld, muß sein Werkzeug verkaufen, gibt ihnen einen halben Dinar und ist nun gänzlich mittellos.

Dem zweiten Kadi, vor den ihn sein böses Weib zitieren läßt, kann er sagen, daß zwischen ihm und ihr schon Frieden gestiftet wurde, doch muß er auch diese Boten bezahlen. Als man ihm sagt, daß seine Frau ihn beim Obersten Gericht verklagt hat, bleibt ihm nur die Flucht. Sie beginnt mit einer genauen, realistischen Ortsangabe: erst in Richtung Siegestor (im Norden Kairos), dann in die Ruine der 'Ādilīja-Moschee. Seine reichlich fließenden Tränen mischen sich mit dem Winterregen, und bekümmert bittet er Allah, ihm zu helfen. Wieder wird sein Vertrauen belohnt. Die Wand spaltet sich, *und aus ihr trat eine große Gestalt hervor, bei deren Anblick die Haut erschauern konnte* (Li VI, 571). Auch der schaurige Geist hat Mitleid. Nachdem Ma'rūf ihm seine Geschichte erzählt hat, schlägt er ihm vor, was dieser sich vorher von Allah erbeten hatte: ihn in ein Land zu bringen, wo ihn seine Frau nicht finden kann. Er nimmt ihn auf den Rücken, fliegt die ganze Nacht und setzt ihn auf einem Berg ab, zu dessen Füßen er die Tore einer Stadt fände.

In dieser Stadt, später wird ihr Name genannt, Ichtijān el-Chotan – Littmann vermutet eine Verballhornung aus einer Stadt in Turkestan – fällt er nicht durch eine andere Sprache, sondern durch seine Tracht auf. Harmlos und ehrlich erzählt er den Leuten, er sei am Nachmittag zuvor noch in Kairo gewesen. Just im rechten Moment, ihn vor dem Spott der Leute zu retten, kommt der rechte Mann: ein Kaufmann, auf einer Mauleselin reitend, gefolgt von zwei Sklaven. Der nimmt ihn in sein Haus mit, kleidet ihn in *die Gewandung eines Kaufmanns, der 1000 Säcke Goldes besitzt,* und bewirtet ihn mit köstlichen Speisen. Erst dann fragt er ihn nach Namen und Herkunft, und es folgt eine realistische Faktenbeschreibung. Die Fügung des Märchens hat Ma'rūf im Augenblick der Bedrohung in diesem Kaufmann seinen vor 20 Jahren verschwundenen Jugendfreund 'Alī aus Kairo über den Weg geschickt. Der war als Junge seinem Vater davongelaufen, weil er für seine Lausbubenstreiche in christlichen Kirchen eine Tracht Prügel bezogen hatte – eine der wenigen Geschichten in Tausendundeiner Nacht, wo ein Kinderstreich als Motiv eine Rolle spielt. 'Alī als der Weltkluge, Lebensgewandte, klärt ihn über die Bewohner der Stadt auf: *gütige und freundliche Menschen, die dem Armen Vertrauen schenken, ihm auf Borg verkaufen und ihm alles glauben, was er sagt* – an der Geisterreise allerdings hatten sie ihre Zweifel. Doch ist diese Charakterisierung notwendig, um den Aufstieg des Kaufmanns 'Alī in der Stadt zu erklären, wie um die Gutgläubigkeit der Einwohner gegenüber Ma'rūf zu begründen. 'Alī gibt Ma'rūf, schon im eigenen Interesse, den klugen Rat, den Leuten weder zu erzählen, wer er sei noch was ihm passiert wäre. *Die Welt ist Lug und Trug, und in dem Land, in dem dich niemand kennt, tu, was du willst!* (Li VI, 576) – mit diesem Sprichwort empfiehlt er ihm Schlitzohrigkeit. Nach seinem eigenen Vorbild und mit Hilfe des Rufs, den er inzwischen dank seiner Tüchtigkeit erworben hat, will er Ma'rūf den Nimbus eines reichen Kaufmanns verleihen, lediglich indem er ihn ehrfürchtig behandelt und beide so tun, als warte Ma'rūf auf seine Karawane mit Stoffen. Er rät Ma'rūf weiter, mit den 1000 Dinar, die er ihm vorstreckt, freigebig zu sein, um sich beliebt zu machen und den Anschein von Reichtum zu erwecken. Er wolle ihn mit Kaufleuten zusammenbringen, damit man sich gegenseitig kennenlerne *und damit du verkaufen, kaufen und mit ihnen Handel treiben kannst* (Li VI, 577). Dieser genau vorgezeichnete Plan wird dann in seiner geglückten Realisierung detailliert ausgeschmückt. Ma'rūf hat im Nu die Stoffkenntnisse eines Textilkaufmanns erworben, und seine Freigebigkeit ist so überwältigend, daß er bis zum Abendgebet weitere 5000 Dinar geborgt und an Arme verteilt hat. In einer Mischung aus kindlicher Gläubigkeit und Hochstapelei vertröstet er alle auf seine Reichtümer, borgt in 20 Tagen 60 000 Dinar und gibt sie weiter, kein Wort mehr von Kauf, Verkauf und Handel. Daß Ma'rūf dabei doch nicht so ganz wohl gewesen sein könnte, wird lediglich aus dem Kommentar des Erzählers deutlich: *Aber immer noch kam kein Gepäck noch auch eine verzehrende Pest* (Li VI, 581, die seine Gläubiger aus der Welt geschafft hätte).

Schließlich werden die Leute mißtrauisch. Sie wenden sich an den Kaufmann 'Alī, der Ma'rūf ins Gewissen redet. Doch auch ihn vertröstet er mit seiner imaginären Karawane. 'Alī, bedacht auf seinen Ruf, zieht sich geschickt aus der Affäre und verweist die Gläubiger an den König. Damit ist zugleich der nächste Handlungsstrang aufgenommen. Denn der König, dem die Gläubiger ihre Sorgen vortragen, ist sehr habgierig. Um Ma'rūfs vermeintliche Güter den seinen hinzuzufügen, will er ihn mit seiner Tochter vermählen. Der Wesir, hier in seiner Verschlagenheit eine von Beginn an negative Gestalt und Gegenspieler des Helden, warnt den König, und der stellt Ma'rūf auf eine Scharfsinnsprobe. Er soll den Wert eines kostbaren Juwels bestimmen. Ahnungslos und in genau der kindlich großsprecherischen Art, in der Ma'rūf bisher gezeichnet wurde, zerdrückt er das Juwel als wertlosen

Stein zwischen den Fingern und überzeugt dadurch den König.

Um die ablehnende Haltung des Wesirs zu begründen, greift der Erzähler in die Vergangenheit zurück: der Wesir hatte die Tochter des Königs heiraten wollen, auch dessen Zustimmung, nicht aber die der Prinzessin erlangt. Einen Grund dafür nennt der Erzähler nicht, aber der Wesir erhält so weitere Negativzüge.

Ma'rūf, dem der Wesir die Prinzessin antragen muß, will die Hochzeit bis zur Ankunft seiner Phantasiekarawane hinauszögern, doch der König vertraut ihm. Der Scheich des Islams setzt die Eheurkunde auf, und die Hochzeit wird ein lärmendes Volksfest, bei dem Ma'rūf seine den gesunden Menschenverstand bestürzende Freigebigkeit aus der Schatzkammer des Königs fortsetzt. Kaufmann 'Alī, wiederum als Stimme der Vernunft, warnt ihn, aber Ma'rūf verweist auf seine Karawane. Daß er sich seiner Tollkühnheit voll bewußt ist, lassen seine Worte erkennen: *Eine verzehrende Pest! Was geschehen soll, geschieht; und dem Verhängnis kann keiner entgehen* (Li VI, 589). Nach 40tägigen Hochzeitsfeierlichkeiten führt man die Brautleute zusammen, doch als Ma'rūf (vor Kummer) *immer wieder Hand auf Hand* schlägt, weil er kein üppiges Brautgeschenk überreichen kann, fordert die Prinzessin ihn auf, die Gewänder abzulegen und sich der Freude hinzugeben. Das arabische Original schildert die zärtliche Vorbereitung der Defloration in Reimprosa und diese selbst mit derb-drastischen Metaphern, passend zum sozialen Stand des Bräutigams, nicht zu dem der Braut. Am Morgen danach treibt der Schuhflicker seine Freigebigkeit, diesmal gegenüber den Höflingen, weiter, und die königliche Schatzkammer droht zu versiegen. Auf Anraten des Wesirs gebietet der König seiner Tochter zu ergründen, wie es um ihren Mann wirklich stehe. Ihrem Geschick gelingt das. Auch eingedenk ihres eigenen Rufes, rät sie ihm zu fliehen und deckt ihn später mit einer gut erfundenen Geschichte.

Nun wird die Handlung mehrsträngig. Der Schuhflik-
ker/Prinzgemahl, im Gewand eines Mamluken, rezitiert
sehnsuchtsvolle Verse, weint, überschüttet sich jedoch im
Gegensatz zu anderen Helden aus der Sammlung nicht
mit Selbstvorwürfen. Er trifft auf einen pflügenden Bauern, einen der wenigen, die in den Märchen eine Rolle
spielen. Der eilt ins Dorf, um seinem Gast etwas zu essen
zu holen. Das ist notwendig für den Fortgang der Handlung, denn Ma'rūf, in einer seltenen Anwandlung von
Tatkraft und Gewissensbissen, greift zum Pflug, weil er
den Bauern von der Arbeit abhält, und treibt die Stiere an.
*Kaum hatte er ein wenig gepflügt, da stieß die Pflugschar an
etwas, und die Stiere blieben stehen* (Li VI, 600). Er findet die
Platte zu einer unterirdischen Schatzkammer und dort
Gold, Perlen, Edelsteine aller Art, auch eine Truhe aus
klarem Kristall mit Juwelen in Walnußgröße und schließlich das Wichtigste: ein Kästchen mit einem goldenen Siegelring, den er reibt. Zum zweiten Mal in seinem Leben
erscheint ihm ein Geist, der Diener des Talismans, der ihm
seine Dienste im Guten wie im Bösen anbietet. Dieser
Sultan über die Geisterwächter verfügt über Heerscharen
von Geistern, auch 800 Söhne, wie sich später herausstellt,
und hat einen glückverheißenden Namen, Abu es-Sa'adāt
Vater der Glückseligkeiten. Ma'rūf, inzwischen versierter
im Umgang mit einem Geist, läßt die Schätze aus der
Höhle an die Erdoberfläche transportieren und in Kisten
auf Maultiere verladen, in die sich 700 der 800 Geister-
söhne verwandelt haben. Lediglich seine Forderung nach
je hundert Lasten von kostbaren Stoffen aus allen Ländern
auf hundert Maultieren bringt eine Verzögerung, denn die
Stoffe können nicht einfach herbeigezaubert, sondern
müssen aus Ägypten, Syrien, Persien, Indien, Griechenland geholt werden. Dafür brauchen die Geister eine
Nacht. Ein Zelt und kostbare Speisen läßt sich unser Held
ebenfalls bringen, und genau da kommt der Bauer mit
einer Schüssel Linsen für den Gast und einem Sack Gerste
für sein Pferd zurück. Ma'rūfs Gutherzigkeit zeigt sich

daran, daß er selbst, um dem Bauern zu danken, die Linsen verzehrt und dem die köstlichen Geisterspeisen überläßt. Er entlohnt den Bauern mit einer Schüssel Gold und verspricht weitere Ehrungen. Nun endlich kann der Held sich seines Lebens freuen: Geisterjungfrauen versüßen ihm die Nacht.

Am nächsten Morgen trifft der Bote mit der Kunde vom glücklichen Nahen der Karawane genau in dem Moment am Hofe ein, als der König in größter Sorge ist und der Wesir seinen Argwohn schürt. Wieder tritt Kaufmann ʿAlī als zweifelnde, kommentierende und schließlich beglückwünschende und rechtfertigende Stimme der Vernunft auf. Maʿrūf kommt in die Stadt *mit einem solchen Prunkzuge, daß selbst einem Löwen* (als Bild des Königs!) *vor Neid die Gallenblase geplatzt wäre* (Li VI, 609), eine Verdeutlichung Littmanns, das Original hat: *Er betrat die Stadt mit einem Gefolge, das die Gallenblase des Löwen zum Platzen brachte* (K IV, 709), also ohne Benennung des Gefühls und mit einer Metapher statt eines Vergleichs. Die Schatzkammer des Königs kann die Reichtümer kaum fassen, die Gläubiger erhalten ihre Summen mehrfach ersetzt, und vor seiner Frau ist Maʿrūf ebenfalls rehabilitiert. Er stellt ihr das Ganze als Liebesprobe dar. Doch noch ist das Happy-End nicht da.

Der böse Wesir neidet Maʿrūf sein Glück, erkennt, daß diese Freigebigkeit nicht die von Kaufleuten ist und entlockt ihm beim Wein Geheimnis und Siegelring. Mit Hilfe des Geistersultans wird Maʿrūf vom Wesir in die Wüste geschickt, der König gleich hinterdrein. König und Märchenheld sitzen in der Wüste und beweinen ihr Elend. Der Wesir erweist sich als wahrer Schurke: unter Mißachtung des islamischen Rechts will er die Prinzessin zur Frau oder besser zur Geliebten. Doch sie übertölpelt ihn, bringt den Ring an sich, läßt Vater und Ehgemahl an den Hof zurückbefördern, beide in kostbare Gewänder kleiden, veranlaßt ihren Vater, Maʿrūf zum Wesir der rechten Hand zu machen und den gemeinen Gegenspieler verbrennen zu lassen, weil er sich als Ungläubiger erwiesen habe. Die Fähigkeit, den Ring klug zu nutzen und zu hüten, spricht sie Vater und Ehemann ab und behält ihn. Tatsächlich spielt er nun nur noch als begehrtes Objekt eine Rolle, der Geistersultan hat keine Wünsche mehr zu realisieren.

Immer noch ist die Geschichte nicht zu Ende. Der König stirbt, die Prinzessin setzt ihren Gemahl zum Nachfolger ein, doch ohne ihm den Ring zu geben, gebiert ihm aber ein Knäblein *von wundersamer Lieblichkeit und hoher Schönheit und Vollkommenheit.* Doch sie muß, damit die Handlung weitergehen kann, sterben. Sie legt Ma'rūf die Sorge um Sohn und Ring ans Herz, denn der Erzähler nimmt nun einen alten Handlungsstrang wieder auf: Fātima, das Scheusal, als erste Gegenspielerin des Helden. Zu seinem Entsetzen findet Ma'rūf sie eines Tages neben sich im Bett und erkennt sie *an ihrem scheußlichen Aussehen und ihren langen Eckzähnen.* Sie erzählt ihm, wie schlecht es ihr nach seinem Verschwinden erging, wie sie als einsame Bettlerin umherirrte und ein mitleidiger Geist – derselbe, der einst Ma'rūf in sein Glück trug – hierher beförderte. Voller Reue und Demut bittet sie ihn, sie bei sich zu behalten. Ma'rūf läßt ihr ein Schloß bauen, hält sich an seine Odalisken,

> *und er dachte nicht mehr an seine Frau, Fātima das Scheusal, denn sie war nun grau und alt und von abscheulicher Gestalt, ein kahlköpfig Weib, häßlicher als eine Schlange mit fleckigem Leib, und sie hatte ihn doch auch einst über die Maßen schlecht behandelt* (Li VI, 630).

Hier wird der Erzähler didaktisch und flicht zur Untermauerung einen Vers ein. Ma'rūf als echter Märchenheld dagegen bleibt alterslos, freut sich seiner Manneskraft und seines Harems.

Doch in seiner Arglosigkeit hat er Fātima von dem Ring erzählt, und die will ihn entwenden und sich zur Königin machen. Das siebenjährige Knäblein, Ma'rūfs Sohn, das schon seit geraumem ein Kurzschwert sein eigen nennt, beobachtet realistisch vom Abtritt durch einen Türspalt ihr Treiben und schlägt ihr den Kopf ab, in letzter Minute, sie hat den Ring bereits in der Hand. Drei Gedichte über die Rolle des Schicksals sind in das endgültige Happy-End verwoben. Der nunmehr aller Gegenspieler ledige Ma'rūf entsinnt sich des Ackermanns, dem er auf seiner Flucht begegnete, macht ihn zum Wesir der Rechten und Ratgeber, heiratet seine Tochter und vermählt nach einer Weile seinen Sohn.

Ma'rūf, der Schuhflicker, der gutmütige arme Mann, Märchenheld aus dem Volk, der das Fürchten lernte, das Fürchten vor seiner Frau, Fātima, dem Scheusal, dem Gegenbild zur sanften, unterwürfigen muslimischen Ehefrau, deren Idealgestalt die mittelalterliche arabische Literatur zeichnet. Er zieht aus, der permanenten Quelle der Furcht zu entkommen, und findet wie zufällig sein Glück. Blitzschnell lernt er atemberaubende Freigebigkeit auf Kosten anderer und zugunsten Bedürftiger. Was dem Europäer als beängstigende, an Hochstapelei grenzende Verschwendungssucht erscheint, zeichnete ihn in den Augen der ägyptischen Konsumenten der Geschichte sicher als wahren Volkshelden aus, der für sein grenzenloses Gottvertrauen ebenso belohnt werden muß wie für seine unbegrenzte Spendierfreudigkeit aus fremden Schatzkammern. So gebührt ihm die kluge schöne Prinzessin ebenso, wie es die funkelnden Schätze der Höhle und die Dienste des Geistersultans tun. Ma'rūf – ein weiteres Beispiel für den arglosen, nicht gerade mit Intelligenz gesegneten Märchenhelden, dem andere, erst der Kaufmann 'Alī, dann die Prinzessin, seine Frau, die so viel gewitzter ist als er, raten müssen, wie er sich verhalten soll. Die kluge Prinzessin als Helferin des Helden triumphiert über dessen klugen Gegenspieler, den bösen Wesir, wie ihr Söhnchen den zweiten Gegenspieler, die scheußliche Fātima, aus der Welt befördert. Lediglich ein blindes Motiv erscheint: der Geistersultan warnt Ma'rūf, den Ring nicht zweimal zu reiben, so erwartet man, daß er es tue. Tatsächlich besteht die Gefahr nie. Ansonsten sind die Vorgänge logisch verknüpft, humorvolle Situationen werden genüßlich ausgemalt. Der gutmütig-großmäulige Verschwender Ma'rūf ist ein glaubwürdig gezeichneter Held in einem im übrigen ganz und gar patriarchalischen Märchen.

Die Geschichte von Sindbad dem Seefahrer

(B: Li IV, 97–206 = K III, 4–83; Br. III, 367–IV, 133; Bu¹ II, 2–27; A: LS
2–104, G III, 1–176 = H II, 77–150)

Auf die *Geschichte von Sindbad dem Seefahrer,* heute sicher einer der
berühmtesten Abenteuer- und Reiseromane der Weltliteratur, stieß
GALLAND 1701. Er übersetzte sie und fügte sie später seiner Ausgabe
der *Mille et Une Nuit* zu. Man fand sie dann aber in Handschriften der
ägyptischen Rezension. So steht sie auch in beiden Bulaker Drucken
und – sehr ähnlich – im zweiten Kalkuttaer Druck. Allerdings weicht
diese ägyptische Fassung von der orientalischen, die Galland vorlag,
vor allem im Schluß der 6. und in der gesamten 7. Reise sowie in manchen anderen Details ab. Der erste Kalkuttaer Druck, der mir nicht
zugänglich war, enthält die orientalische Rezension. Eine Fassung
dieser Rezension veröffentlichte auch der Franzose LANGLÈS 1814 mit
einer französischen Übersetzung. Diese orientalische Rezension
(nach Langlès) soll hier, dem Holländer DE GOEJE folgend, der einen
großen Teil der Sindbad-Motive in der älteren arabischen geographischen und Reiseliteratur aufspürte (1889), als A, die ägyptische Rezension in K und Br als B (BK, bzw. BBr) bezeichnet werden. Eine
deutsche Übersetzung der Gallandschen französischen findet sich
wieder in der Ausgabe von HABICHT. LITTMANN hat seiner Übersert-
zung den Schluß der 6. und die 7. Reise nach dem ersten Kalkuttaer
Druck hinzugefügt. Die beiden Fassungen differieren auch darin, daß
A bei allen Reisen genauere geographische Angaben macht, zudem
im Versbestand, der unterschiedliche Nuancierungen gibt. In B sind
die Details meist liebevoller ausgemalt und dadurch oft weniger realistisch. Ein Beispiel: die Insel, die sich später als Fisch erweist, ist bei
B *so schön, daß sie einem Paradiesesgarten glich,* mit Bäumen bewachsen,
aber daß sie ein Fisch ist, erfahren die Reisenden, die auf ihr Feuer
anzünden, waschen, kochen, Kurzweil treiben, durch einen Zuruf des
Kapitäns, der ihnen sagt, der Fisch habe sich bewegt, sie sollten sich
retten, so schnell es ginge. Bei BBr ist sie noch weniger realistisch ein
Riesenfisch, der auf dem Lande liegt und sich wegen Wassermangels
nicht mehr bewegen kann. Als er das Feuer auf seinem Rücken spürt,
will er sich ins wogende Meer stürzen, doch das erklärt hier ebenfalls
der Kapitän den Reisenden, die es eigentlich selbst spüren müßten. In
A dagegen ist nur von *einer schönen, ausgedehnten Insel wie grünes* duf-
tendes *Basilienkraut* die Rede, auf der die Reisenden sich ergehen.
Sie erschrecken, weil sie plötzlich bebt, und da ruft ihnen jemand zu,
sie sei ein Walfisch. Doch der Anschluß ist in beiden Fällen logisch.
Da in BK die Reisenden auf der Insel waschen, kann sich Sindbad in
einem Waschzuber retten, in A packt er ein Stück Holz.

Das Motiv der sich plötzlich bewegenden Insel findet sich schon im
griechischen *Alexanderroman* (2. Jh. v. Chr.) generell als Tier, bei

christlichen Autoren des 4. Jahrhunderts erscheint es als Seeschild-
kröte wieder, und der arabische Schöngeist DSCHĀHIZ hat es im
9. Jahrhundert in sein großes *Buch der Tiere* aufgenommen. Das
Motiv der Luftreise mit einem großen Vogel findet sich ebenfalls
schon in einigen Handschriften des *Alexanderromans.* Es stammt wohl
eigentlich aus *Erzählungen um den Weisen Achikar,* von denen einige
sich in Habichts Tausendundeiner-Nacht-Übersetzung finden. Den
Vogel Ruch kennt auch die persische Legende. Er hat eine Entsprechung im Simurgh des persischen Nationalepos, dem *Schahname* des
FIRDAUSI, aus dem 10. Jahrhundert. Das Riesenei eines Riesenvogels,
das aufgeklopft wird, spielt in der *Wahren Geschichte* des LUKIAN eine
Rolle. Diese wie andere Motive aus der Sindbad-Geschichte waren
offenbar in Bagdad und Basra im 9. Jahrhundert, damals blühenden
Handelsstädten, geläufiges Erzählgut. Der persische Kapitän BUZURG
IBN SCHEHRIJĀR, der wie die Autoren persischer Herkunft seiner Zeit
arabisch schrieb, hat Seemannsgarn solcher Art in sein Buch über *Die
Wunder Indiens* (903–53) aufgenommen. Dort kann man auch die
Geschichte eines Mannes lesen, der wie Sindbad immer wieder durch
eigene Findigkeit und Allahs Hilfe aus Todesgefahren errettet wird,
von denen eine jede schlimmer ist als die vorhergehende und denen
der heutige Leser die Flunker-Phantasie des Erzählers anmerkt.

De Goeje, der in der *Bibliotheca Geographorum Arabicorum* seit 1870
Texte aus der arabischen geographischen Literatur edierte, fand her-
aus, daß sich einige Angaben aus Sindbad, etwa die zu den vor Regen
und Sonne schützenden Pfefferblättern in der 5. Reise in B, zu der
Ambraquelle in der 6. Reise fast wörtlich im *Kitāb el-Masālik wal-
Mamālik* dem *Buch der Hauptstraßen und der Königreiche,* des arabischen
Geographen IBN CHURDĀDHBEH aus der Zeit nach 870 finden. Ibn
Churdādhbeh, Generaldirektor für Post- und Nachrichtenwesen in
Samarra im Irak, war ebenfalls persischer Herkunft, aber nie gereist.

De Goeje wies darauf hin, daß Motive der Sindbad-Geschichte
schon im mittelhochdeutschen Versroman über *Herzog Ernst von
Bayern* aus dem 12. Jahrhundert und in der *Legende vom Heiligen
Brendan* stehen, die im 11. Jahrhundert aufgezeichnet wurde, aber
sicher älter ist. Vom Diamantental voll gefährlicher Schlangen
berichtet auch MARCO POLO im 13. Jahrhundert.

In der Geschichte von Sindbad dem Seefahrer wurde also
Seemannsgarn, das großenteils schon in der Antike ge-
sponnen wurde und auch in die arabische geographische
Literatur Aufnahme fand, mit anderen Wunderberichten
aus dieser und weiterem oralen und literalen Erzählgut literarisch meisterhaft zu einem Abenteuerroman
verwoben. Aber wann wurde er verfaßt? Gab es nur

einen, gab es mehrere Verfasser? Littmann vermutet, da er Buzurg ibn Schehrijār für die Quelle hält, 11/12. Jahrhundert, De Goeje wegen der Übereinstimmung mit europäischer Volksliteratur vom 11. Jahrhundert an: vor 1000, E. GRUNEBAUM *als unabhängiges Werk nicht später als 900 n. Chr.* (1963, 381). CASANOVA (1922, 121) legt eine noch frühere Entstehungszeit nahe. Er stützt sich vor allem auf den Briefwechsel, der in der 6./7. Reise bei A Harūn er-Raschīd und dem König von Ceylon (Serendīb) zugeschrieben wird. Daß in Tausendundeiner Nacht Harūn er-Raschīd zur Kristallisationsgestalt kaliflicher Macht und Würde geworden ist, wurde schon gesagt. So kann diese Datierung nicht überzeugen. Auffällig ist aber, daß alle Reisen Sindbads nach Osten führen, nach Indien, Hinterindien, bis Sumatra. Doch nirgendwo, jedenfalls in der früheren A-Fassung, findet China Erwähnung. Die arabischen Länder hatten mit China einen lebhaften Handel getrieben, bis dort nach einem Umsturz im Jahr 878 ein Blutbad unter ausländischen Kaufleuten angerichtet wurde. So könnte man annehmen, daß die Sindbad-Geschichte unmittelbar danach entstand, als dieses Trauma Seefahrenden und Kaufleuten noch bewußt war (mit Hennig 2/1950, 196 ff., nach ihm M. Gerhardt, 241 f.). Ein Erzähler aus wesentlich späterer wie aus früherer Zeit hätte vermutlich von den Berichten arabischer Chinareisender Gebrauch gemacht, die es in der frühen arabischen Reiseliteratur gibt.

Jedenfalls spiegelt die Geschichte den Geist eines prosperierenden Kaufmannsstandes, der in den ersten Jahrhunderten der Abbasidenherrschaft zum Reichtum der Städte Basra und Bagdad beitrug, spiegelt die Mentalität einer Zeit, in der eine selbstsichere städtische Oberschicht davon überzeugt war, daß eigenes Geschick und mutiger Unternehmungsgeist von Gott belohnt werden: mit Erfolg und Reichtum. Noch ein zweites macht sie glauben: daß der Mensch seinem Mitmenschen vertrauen kann. Sindbad findet zweimal seine verlorenen Güter wieder und erhält sie – nach eingehender kritischer Prüfung, die für den Realitätssinn der Erzähler spricht und Spannung wie Authentizitätsillusion gleichermaßen steigert – zurück. Zwar gibt es Bedrohung zusätzlich zum *wogenden Meer,* sonst könnte Sindbad weder Mut noch Fähigkeit in dem Maße beweisen, wie er es tut, aber sie kommt, abgesehen von den Seeräubern in der 7. Reise der A-Fassung, nie von Menschen, sondern von mythischen Wesen: Menschenfressern verschiedener Art, dem *Alten vom Meere,* auch er ein damals geläufiges Motiv, oder Bräuchen in der Fremde, vor denen es kein Entrinnen gibt. Sindbads Begegnung mit dem Meer als Symbol für eine unberechenbare Natur könnte man ironisch so definieren: Schiffbrüche sind unvermeidlich, doch wenn Allah eine Planke schickt und der Mensch trotz Kälte, Hunger, Durst und Todesfurcht wacker mit den Beinen rudert, kann er nicht nur überleben, sondern unermeßliche Schätze erwerben. Im Mitmenschen werden Ehrlichkeit und Hilfsbereitschaft vorausgesetzt, uneigennützige zumeist. Eine im Grunde ideale Gesellschaft ist hier gezeichnet.

Sindbads sieben Reisen sind geschickt in einen Rahmen gesetzt, der die Moral der Geschichte verdeutlicht. Sindbad der Seefahrer, der Begüterte, vom Geschick (wie es zunächst scheint: blind) Begünstigte hat ein Gegenüber, eine Art Negativbild in der B-Fassung gleichen Namens: Sindbad der Lastträger, bei BK auch Sindbad der Festländer. Im Arabischen ist die Klangähnlichkeit größer: *Sindbad el-bahri* und *Sindbad el-barri.* In der A-Fassung heißt der Lastträger Hindbad, auch Hindban. Sind und Hind sind im Arabischen geographische Bezeichnungen. Der Name Sindbad, arabisch eigentlich Sindibad, ist indischer Herkunft, für Hind(i)bad gibt es meines Wissens sonst keinen Beleg.

Der Rahmen malt zunächst den Gegensatz zwischen Arm und Reich, qualvoller Mühe und genüßlichem Müßiggang. Bei BK und A stellt der Lastträger, der täglich für geringen Lohn anderer Leute Güter schleppt, erschöpft seine Last vor einem schönen Haus ab, aus dem Musik und Vogelgezwitscher ertönen, der Duft köstlicher Speisen und Getränke weht, in dessen großen Garten er Knaben, Sklaven und Eunuchen sieht. Er wendet sich in einem Reimprosagebet anklagend an Gott, der diese Unterschiede geschaffen habe, und zitiert dann ein Gedicht, in dem soziales Aufbegehren in ein Sich-Fügen ins Schicksal übergeht:

> Vom Tropfen des Samens kam jedes Geschöpf;
> Und ich bin wie der da, und er ist wie ich.
> Und doch, zwischen uns ist der Abstand so groß,
> Wie wenn man den Wein mit dem Essig verglich.
> Doch bin ich, o Herr, nicht ein hadernder Knecht;
> Denn du bist der Weise und waltest gerecht (Li IV, 98 f.).

In A fehlt das Gedicht. Der Lastträger wird ins Haus gebeten, darf sich sattessen, schämt sich jedoch, als er sein Gedicht/sein Gebet wiederholen soll. Und dann erzählt ihm Sindbad der Seefahrer seine Reisen als Beweis dafür, daß sein Reichtum verdient ist. B hat zusätzlich: *Doch all das war durch das Geschick vorherbestimmt.* A wie B begründen Sindbads Reiselust damit, daß er als junger Kaufmannssohn nach dem Tode seines Vaters sein Erbteil verschwendete. Als er, mittellos geworden, zur Besinnung kommt, erinnert er sich eines Ausspruchs Salomos, dessen erster Teil sich auch in den *Predigten Salomonis* im Alten Testament findet:

> Drei Dinge sind besser als drei andere: Der Tag des Todes ist besser denn der Tag der Geburt; ein lebender Hund ist besser als ein toter Löwe; und das Grab ist besser als die Armut (Li IV, 102).

Das letzte widerspricht zwar dem Geist der Sprüche Salomonis, doch könnte es ein Motto für die Sindbad-Geschichte sein, deren Held auf der Suche nach Reichtum zunächst immer in Todesgefahr gerät. Deutlicher wird der soziale Ehrgeiz aus dem Gedicht:

> Durch Mühsal wird die steile Höh erklommen;
> Wer Ruhm begehrt, der schlummert nicht bei Nacht . . . (Li IV, 102).

Um den Unterschied zwischen beiden Fassungen zu verdeutlichen, sei hier der Anfang der e r s t e n R e i s e nach BK und A wiedergegeben:

> *So faßte ich denn meinen Entschluß, machte mich auf und kaufte mir Waren und Güter und allerlei Sachen, auch Dinge, die zur Reise nötig waren; und da meine Seele nach einer Reise zur See verlangte, so bestieg ich ein Schiff und fuhr nach der Stadt Basra, zusammen mit einer Schar von Kaufleuten. Von dort reisten wir auf dem Meere weiter, viele Tage und Nächte; wir kamen von Insel zu Insel, von Meer zu Meer und von Land zu Land. Überall, wo wir landeten, trieben wir Handel und tauschten Güter ein. Und während wir so auf dem Meere dahinsegelten, kamen wir eines Tages zu einer Insel, die so schön war, daß sie einem Paradiesesgarten glich* (Li IV, 102).

A dagegen macht genauere geographische Angaben, teilweise wörtlich angelehnt an Ibn Churdādhbehs Kapitel über *Die Entfernungen in östlicher Richtung* aus seinem obengenannten Buch:

> *Dann begab ich mich nach Basra hinab mit Kaufleuten zum Geleit und Gefährten zu meiner Freud. Wir befuhren das östliche Meer, auf dessen rechtem Ufer die Araber wohnen, auf dem linken Ufer die Perser. Und man sagt, daß die Breite dieses Küstengebiets* (d. h. des Persischen Golfs) *70 Parasangen* (420 km) *beträgt. Dort gibt es viele Berge. Und seine Grenze sind die Neger* (d. h. Schwarzafrika) *und das Rote Meer. Es ist das große östliche Meer. Seine Länge vom Roten Meer bis nach el-Wāk* (vermutlich Japan) *beträgt 4500 Parasangen* (27 000 km) (LS 8 f.).

Im Gegensatz zu de Goeje, der die A-Fassung für die jüngere hielt, scheinen mir eben diese konkreten Angaben, Übernahmen von dem Geographen Ibn Churdādhbeh, auf die frühere Abfassung hinzudeuten. Die stärker literarisierte B-Fassung dürfte die jüngere sein.

Hier werden später Sindbads Rettung aus Todesnöten und seine Qualen eindrücklich dargestellt:

> *. . . und ich versank mit ihnen im Wasser; doch Allah der Erhabene behütete mich und rettete mich vom Tode des Ertrinkens, denn er sandte mir einen großen hölzernen Zuber, eins der Geräte, in denen die Leute vorher gewaschen hatten. Besorgt um das süße Leben, hielt ich den Zuber mit der Hand fest und setzte mich rittlings darauf, und dann ruderte ich mit meinen Beinen im Wasser wie mit Riemen,*

während das Spiel der Wogen mich bald nach rechts und bald nach links trieb. Der Kapitän aber hatte inzwischen die Segel des Schiffes gespannt und war mit denen, die an Bord hatten kommen können, davongefahren, ohne sich um die Ertrinkenden zu kümmern. Ich schaute sehnsüchtig jenem Schiffe nach, bis es meinen Blicken entschwand; da war ich des Todes gewiß. Und dann brach die Nacht über mich herein, während ich in solcher Not war. Die ganze Nacht und den nächsten Tag hindurch blieb ich in der gleichen Lage; dann aber trieben günstige Winde und Wogen mich an den Fuß einer hohen Insel, deren Bäume mit ihren Ästen über das Wasser hinausragten. Ich konnte den Zweig eines hohen Baums ergreifen und mich daran festhalten, nachdem ich schon den Tod vor Augen gesehen hatte. An jenem Zweige kletterte ich entlang, bis ich auf die Insel springen konnte. Da sah ich, daß meine Füße geschwollen und starr geworden waren und daß an ihren Sohlen Spuren von Bissen der Fische waren. Das hatte ich vorher in meiner großen Angst und Verzweiflung gar nicht bemerkt. Ich warf mich auf den Boden der Insel nieder, wie tot, verlor die Besinnung und versank in einen bleiernen Schlaf. So blieb ich bis zum andern Morgen liegen, und als die Sonne über mir aufging, erwachte ich. Da aber meine Füße geschwollen waren, bewegte ich mich weiter, so gut ich konnte; bald rutschte ich wie ein Kind, bald kroch ich auf den Knien (Li IV, 104).

Bei A ist der Passus viel kürzer:

Das Boot stach in See und fuhr auf den Wogen, und das brüllende Meer peitschte es. Ich aber blieb auf der Insel, doch sie versank im Meer. Da klammerte ich mich an ein Stück Holz und blieb jenen Tag und jene Nacht im Meer, und die Wogen schleuderten mich von einer Seite zur anderen. So ging es mir bis zum Morgen, und meine Seele wurde meiner überdrüssig, und ich sah den Tod in allen möglichen Formen. Da plötzlich warf mich eine Welle an das Ufer einer Insel. Ich packte die Wurzel einer Pflanze und ging an Land, aber ich war wie tot. Ich blieb auf der Erde liegen, bis der Tag aufzog und die Sonne hell schien. Da erhob ich mich, um auf der Insel vorwärts zu kommen, bald ging ich, bald hockte ich mich hin, um mich auszuruhen, denn ich war hungrig, müde, fast ohne Bewußtsein (LS 10 f.).

Auch das Folgende ist bei B viel mehr ausgeschmückt. Das *edle Roß*, das am Meeresufer angebunden ist, um, wie Sindbad dann erfährt, von einem Seehengst gedeckt zu werden, stößt *einen gewaltigen Schrei aus, so daß ich erschrak und zurücklaufen wollte.* Hier erzählt Sindbad dem Mann, der aus einem unterirdischen Gang hervorkommt und ihn befragt, seine Abenteuer, so daß sie sich für den Leser wiederholen. Bei A sagt er nur: *Ich bin ein Schiffbrüchiger.* Der Name des Königs, auf dessen Geheiß die Pferde hierher zur Deckung gebracht werden, Mihrdschān, erscheint bei A in der ursprünglichen Form, Mihrādsch, also wohl Maharadscha. Die Mär von den Seehengsten findet sich ganz kurz ebenfalls bei Ibn Churdādhbeh in Verbindung mit der Insel Batāʿil, die zum Reich des Maharadscha gehöre. De Goeje verweist darauf, daß im 9./10. Jahrhundert Maharadscha der Titel des mächtigen Hindu-Herrschers auf Java gewesen sei, dem auch das übrige Indonesien unterstand. A und B machen deutlich, daß Sindbad in der einsamen Gegend umgekommen wäre, wenn er nicht – durch Märchenlogik – zu dieser Zeit dort ans Ufer getrieben wäre. Beim Maharadscha, zu dem sie danach reiten, gelangt Sindbad zu großen Ehren, wird Hafenmeister, *ja ich wurde sogar zum Vermittler bei ihm für die Bittgesuche und erledigte die Anliegen des Volkes* (Li IV, 108). Daß noch kein Schiff nach Basra einläuft, gibt dem Erzähler Gelegenheit zu weiteren Berichten über die ferne Gegend, in denen Dichtung und Wahrheit zu einem phantasievollen Gewebe zusammengewirkt sind, von Kasten in Indien bis zu einem Fisch mit Eulengesicht. Auch dies ist zum größeren Teil bei Ibn Churdādhbeh zu finden. Durch einen weiteren Märchenzufall läuft ein Schiff ein, unter dessen Waren der Hafenmeister Sindbad seine eigenen erkennt. Es ist das Schiff, mit dem er ausgelaufen war. Nach eingehender Befragung erhält er seine Güter zurück: *Und nichts fehlte daran.* Er kann den König reich beschenken und erwirbt noch größeres Ansehen. Reicher als je kehrt Sindbad nach Hause zurück und genießt sein Leben, *Mühsal in der Fremde* und Qualen vergessend. – Sindbad der Festländer wird gut bewirtet und reich beschenkt. Er hat hier wie auch später die Rolle des bewundernden und staunenden Publikums.

Am nächsten Tag folgt der Bericht über die z w e i t e

R e i s e. Inmitten friedlichen Lebensgenusses überfiel Sindbad den Seefahrer der Wunsch, zu reisen und Handel zu treiben. Das wird in beiden Fassungen so erzählt, als sei Sindbad ein Gespaltener: *Meine Seele riet mir* (wörtlich: *sehnte sich danach*) ... Wie beim ersten Mal kauft er Waren, findet ein schönes Schiff und angenehme Gefährten, doch er schläft auf einer Insel ein, und das Schiff fährt ohne ihn los. Wieder werden in B viel eindrucksvoller als in A sein Schrecken beschrieben, seine Einsamkeit, seine Todesangst, sind seine Selbstvorwürfe dort viel härter. Aber er verweilt nicht in nutzlosem Klagen, sondern steigt auf einen hohen Baum, um Ausschau zu halten. Er sieht eine große weiße Kuppel, die er später als Ei des Vogels Ruch identifiziert. Dieser wird ihm zur Rettung, denn während der Riesenvogel auf dem Ei einschläft, bindet sich Sindbad mit dem aufgewickelten Turban an dessen Füßen fest und läßt sich von ihm am nächsten Morgen davontragen. In den *Wundern Indiens* kommt eine solche Reise zweimal vor, und KAZWĪNĪ überliefert in seiner *Kosmographie* (13. Jahrhundert) eine ähnliche phantastische Rettung. Doch Sindbad gerät, noch vor Furcht zitternd, sogleich in die nächste Gefahr und macht sich erneut Vorwürfe. Von der Klippe, auf der er sich befindet, steigt er hinab in ein unzugängliches Tal – bei A landet er, realistischer, aber weniger reizvoll, gleich dort. Der Boden des Tals ist voller Diamanten. Der Erzähler in B beschreibt den Diamanten ausführlicher, A definiert ihn nur als *einen der kostbarsten Edelsteine.* Seine Kenntnis konnte also nicht allgemein vorausgesetzt werden. Doch in dem Tal gibt es riesige Schlangen. Da Sindbad weiß, daß die Schlangen nur nachts herumkriechen, aus Furcht vor dem Vogel Ruch, flüchtet er sich in eine Höhle, die der Erzähler von B zusätzlich mit einer Riesenschlange versieht. Sindbad verschließt die Höhle mit einem großen Stein, sieht aber zu seinem Entsetzen draußen Schlangen in der Größe von Kamelen und Elefanten kriechen. Als von oben ein Stück Fleisch in das Tal fällt, erinnert er sich der Berichte über das Diamantental, stopft sich die Taschen voll der edlen Steine, benutzt wieder den Turban zum Festbinden und macht die zweite Luftreise mit einem großen Vogel, diesmal an einem großen Stück Frischfleisch befestigt, das der Vogel als Beute emporträgt. Mit blutbesudelten Kleidern steht er schließlich vor dem entsetzten Kaufmann, der den Adler durch Lärm vertrieben hat, um an die Diamanten zu kommen.

Bei A und BK zieht Sindbad dann mit den Kaufleuten übers Gebirge, *bis wir zu einem Garten auf einer schönen großen Insel kamen.* Die Gebirgsreise zu einer Insel wirkt surrealistisch, doch das arabische Wort *dschazīra* bedeutet nicht nur »Insel«, sondern auch »Halbinsel, Gebiet zwischen zwei Flüssen; durch eine Wüste vom Festland getrenntes Gebiet«.

Diese Reise ist für den Erzähler wieder nur Vorwand für weitere Mirabilien: Kampferbäume und Nashörner, die Elefanten aufspießen, dies eine Legende, die sich schon bei den antiken Autoren PLINIUS und AILIANOS findet. Beides steht bei Ibn Churdādhbeh. Auch von seiner zweiten Reise kehrt Sindbad mühelos und noch reicher geworden nach Bagdad zurück, freut sich seines Lebens und der Aufmerksamkeit, die er auf Grund seiner Abenteuer erregt.

Nach dem üblichen Rahmeneinschub folgt die d r i t t e R e i s e. Hier deutet aber bei BK und BBu der dem stereotypen Reisebeginn hinzugefügte Koranvers: *Ja, des Menschen Seele treibt ihn zum Bösen* auf schlimmeres Geschehen als in den vorhergehenden Reisen hin. Nach glücklicher Seefahrt voll erfolgreicher Handelstätigkeit werden die Reisenden an den *Berg der Haarigen* verschlagen. Hier wurde ein Bericht von Ibn Churdādhbeh über die Bewohner der Insel er-Rāmi (vermutlich Sumatra) verarbeitet. Bei ihm heißt es:

Dort gibt es nackte Leute in Dschungeln, deren Sprache nicht zu verstehen ist, denn sie ist ein Pfeifen. Sie sind klein, fürchten sich vor den Menschen. Die Länge des Menschen beträgt bei ihnen 4 Zoll. Der Mann hat einen kleinen Penis und die Frau eine kleine Scheide. Ihr Haupthaar ist flaumig, rötlich. Sie klettern mit ihren Händen an den Bäumen hoch, ohne dabei die Füße zu benutzen.

Während A hier noch von nackten, flaumbedeckten, rötlichen kleinen Wilden redet, die sich mit den Händen an den Schiffsplanken hochziehen, ohne die Füße zu benutzen (LS 32), sind die Zwerge bei B zu häßlichen Affen geworden:

> *Haare hatten sie wie von schwarzem Filz, und sie sahen fürchterlich aus, und niemand verstand ein Wort von dem, was sie sagten. Sonst scheuen sie den Menschen, sie, die Bestien mit den gelben Augen, den schwarzen Gesichtern und der kleinen Gestalt, die bei keinem von ihnen mehr als vier Spannen hoch ist. Jetzt aber kletterten sie an den Ankertauen hoch, zerrissen sie mit den Zähnen und zerbissen auch alle anderen Taue des Schiffes* (Li IV, 127).

B hat also dieses Motiv geradezu märchenhaft ausgeschmückt.

In beiden Fassungen schleppen die kleinen Unholde die Reisenden auf eine Insel und kapern das Schiff. Als die Reisenden auf der Insel umherstreifen, entdecken sie eines Tages *eine Burg mit ragenden Säulen und hohen Mauern; die hatte ein zweiflügliges Tor aus Ebenholz* (Li IV 128). Sie treten durch das offene Tor und sehen im Hof eine Feuerstelle, Küchengeräte und viele Knochen. In A bereiten zudem *große eiserne Bratspieße* und der Satz: *Wir wunderten uns darüber und fürchteten uns gewaltig* (LS 33) das folgende vor. Die Erde erbebt, von den Zinnen des Schlosses steigt ein Wesen zu ihnen herab, dessen grausige Gestalt durch drastische Bilder deutlich wird. Die vor *Übermaß von Grauen, Angst und Entsetzen erstarrten* Reisenden erleben aber noch Entsetzlicheres, und das wirkt durch Vergleiche aus dem Alltagsleben nahezu authentisch. Der Riese greift sich erst Sindbad und dreht ihn hin und her,

> *während ich in seiner Hand wie ein kleiner Bissen (Br wie ein Sperling) war; und weiter betastete er mich, wie ein Fleischer das Schaf betastet, das er schlachten will* (Li IV, 129).

Da Sindbad als zu mager befunden wird, packt sich der Riese den dicken Kapitän, und der anschließende Pfähl-, Röst- und Freßakt wird in B grausig genüßlich beschrieben. A hält sich mehr zurück, deutsche Kinderausgaben vermutlich weit stärker, und Galland war dezenter als A. Nachdem der Riese auch am folgenden Abend solchermaßen seinen Appetit gestillt hat, schlägt einer vor, ihn zu töten. Auf Sindbads Rat wird ein Boot gezimmert, bei A sind es glaubwürdiger mehrere Flöße. Man sorgt für Wegzehrung, und als der Riese am nächsten Abend nach gehabtem Menschenfraß in lautes Schnarchen verfällt, stoßen sie ihm zwei glühend gemacht Bratspieße in die Augen. Sein Gebrüll versetzt sie in Todesfurcht, zu Recht, denn er kehrt mit einer Riesin zurück. Die Riesen bewerfen das Boot/die Flöße, auf die die Menschen sich nun erst retten, mit Steinen. Nur Sindbad und zwei Gefährten entkommen, bei B auf dem heilgebliebenen Boot, bei A auf dem einzigen nicht getroffenen Floß.

Auf der Insel, an die sie getrieben werden, wartet jedoch neuer Schrecken: eine Riesenschlange *wie eine Palme* (A). Nur Sindbad entkommt ihr, zunächst, weil er auf dem Baum, auf den sich auch die anderen flüchten, den höchsten Ast erklommen hat, am anderen Abend, weil er sich aus Brettern eine Art Schutzrahmen zimmert, im Detail nicht sehr glaubwürdig (Galland läßt ihn sich deswegen aus Gestrüpp und Dorngebüsch einen Schutzwall um den Baum bauen), aber natürlich wirksam. Nachdem er sich nach erneut überstandener Todesgefahr durch die ihn gierig umkreisende Schlange erholt hat, kommt ein Schiff, das ihn gastlich aufnimmt. Wieder ist es das Schiff, auf dem er auslief. Er findet seine Waren und zudem den Kaufmann aus dem Diamantental. Der kann Sindbads Glaubwürdigkeit ebenso bestätigen wie dieser die seine, die vorher von den anderen angezweifelt worden war. Erneut heimst Sindbad großen Gewinn ein. Der Erzähler fügt noch ein paar Meereswunder hinzu, verschieden bei A und B, aber beides auch bei Ibn Churdādhbeh zu finden. Heimfahrt und anschließender Lebensgenuß verlaufen nach dem gewohnten Muster.

Nach dem Rahmeneinschub folgt die v i e r t e R e i s e. In BK und BBu wird ihr wieder eine moralische

Wertung vorausgeschickt: *Meine böse Seele redete mir zu, in die Länder der Menschen zu reisen* (K III, 39), und der Hörer/ Leser wird damit auf eine verwerfliche Tat vorbereitet. Diesmal stürzt nach einer längeren Zeit günstigen Winds *ein gewaltiger Orkan* Menschen und Waren in die See. *Allah der Erhabene* sendet Sindbad, nachdem er sich nach einem halben Tag Schwimmens schon verloren glaubt, eine Planke, die er und andere erklimmen. Nach mehreren Tagen Ruderns mit den Beinen werden sie *fast tot vor Anstrengung, vor Kälte und Hunger, vor Schrecken und Durst* an eine Insel geworfen. Nackte Männer packen sie, als sie am nächsten Morgen auf ein Gebäude in der Ferne zuge- hen. Wieder ist Sindbad der einzige, der entkommt, weil er, klüger als seine Gefährten, von den Speisen, die man ihnen vorsetzt, nichts nimmt: *Meine Seele warnte mich davor.* Seine Gefährten verlieren den Verstand, schlingen nur noch *wie die Wahnsinnigen.* Er erkennt, daß er erneut Menschenfressern in die Hände gefallen ist, kann ihnen aber, völlig abgemagert, entkommen.

Nach siebentägiger Wanderung kommt er zu Leuten, die Pfeffer sammeln, de Goeje vermutet Sumatra als Ort der Handlung. Er schließt Freundschaft mit den Einwoh- nern und wird bald ein hoch angesehener Mann. Seine Beliebtheit wächst in beiden Fassungen, als er die Ein- wohner lehrt, Sattel und Zaumzeug für ihre Pferde herzu- stellen und zu benutzen, wobei er für einen Kaufmann erstaunliche handwerkliche Fähigkeiten beweist: Die tex- tilen Arbeiten für den Sattel erledigt er selbst, das andere fertigen Handwerker nach seinen Angaben.

Daß der König ihn durch eine Heirat ansässig machen will, ist Voraussetzung für die nächste Todesgefahr. Er wird nach islamischem Ritus – mit Kadi und Zeugen – vermählt, und nach Kaufmannsmanier stehen der *vor- nehme Stand, die hohe Herkunft* und das viele *Geld und Gut* der Gemahlin an erster Stelle. Dann aber erlebt er die Sitte der Partnerverbrennung nach dem Tod eines Ehegatten in diesem Land, hört, daß sie für alle obligatorisch ist, und lebt von nun an nur noch in der Furcht, seine Frau könnte vor ihm sterben. Das geschieht. Bei A heißt es lapidar: *Es vergingen nur wenige Tage, da wurde meine Frau krank und starb, und mich erfüllte gewaltige Trauer um meine Seele* (LS 57), also in keiner Weise um seine Frau. Die soziale Würdigung des Trauerfalls durch *die meisten Leute der Stadt* und den König zeugt wieder von Sindbads Ansehen. Doch trotz seines lauten Protestes wird er lebendig begraben und macht sich bittere Vorwürfe. Daß er, um weiterleben zu können, jeden weiteren lebendig Beigesetzten erschlägt und dessen Proviant an sich nimmt, damit auch fortfährt, als er durch ein wildes Tier einen Ausgang ins Freie gefunden hat, danach noch Schmuck und andere Kostbarkeiten bei B *von den Leichen* nimmt und bündelt, wurde bereits gesagt. Als er endlich von einem Schiff aufgenommen wird, erzählt er bewußt nicht, was er wirklich erlebt hat. Bei B wird das mit der Furcht begründet, es könnte ein Einwohner der Stadt auf dem Schiff sein. Wieder kehrt er problemlos und reicher geworden nach Hause zurück.

Für die f ü n f t e R e i s e kauft er selbst ein Schiff und heuert Kapitän und Seeleute an. Ein Motiv aus der 3. Reise wird wieder aufgenommen, das Riesenei des Vogels Ruch. Aber diesmal bringt es Lebensgefahr. Reisende klopfen es ohne Sindbads Wissen auf. Das Schiff, mit dem sie sich, Sindbads Rat folgend, vor dem Zorn der Vogeleltern retten wollen, wird durch das Vogelweibchen mit einem großen Felsbrocken versenkt. Wieder ringt Sindbad um seine Rettung, *da das Leben doch so süß ist*. Auf der paradiesgleichen Insel, an die *das Geschick mit Willen Allahs des Erhabenen* ihn wirft, lauert weitere tödliche Gefahr, *der Alte vom Meer*. Daß es sich um diesen handelt, erfährt er jedoch erst, nachdem es ihm mit einer List gelungen ist, den tage- und nächtelangen Würgeritt des Alten auf seinen Schultern zu beenden: Er läßt Traubensaft in einem großen, trockenen Kürbis, den er zufällig findet, zu Wein gären und trinkt zunächst selbst davon, um Mut zu fassen. Sein Singen und Tanzen verlockt den Alten gleichfalls zum Trunk. Als er schwer berauscht ist, kann Sindbad ihn abwerfen. Bei A heißt es dann schlicht:

Ich sagte mir: ›Schlafe ich oder wache ich?‹ Und ich entfernte mich von ihm und ging ein wenig und war froh, von ihm befreit zu sein. Dann nahm ich einen großen Stein und warf ihm den auf den Kopf und tötete ihn (LS 71 f.).

BK malt die Situation aus, rationalisiert und begründet:

Als ich den Satan von meinen Schultern abgeworfen hatte, konnte ich es noch kaum glauben, daß ich mich befreit hatte und daß ich meiner Not entronnen war. Und da ich fürchtete, er könne sich aus seinem Rausch erheben und mir ein Leid antun, holte ich mir einen großen Stein, der unter den Bäumen lag, trat an den Alten heran und schlug ihm, während er schlief, so gewaltig damit aufs Haupt, daß sein Fleisch und sein Blut ein Brei wurden (Li IV, 166).

BBr hat sicher eine urtümlichere Form, hier flucht Sindbad seinem Quälgeist hinterher: *Allah schicke seine Seele schnell ins Höllenfeuer und erbarme sich seiner nicht!* (Br IV, 87), ohne in moralisierende Überlegungen zu verfallen.

Doch er hat noch ein Abenteuer zu bestehen. Das Schiff läßt ihn bei B allein in der Affenstadt zurück. Deren Einwohner übernachten auf dem Meer aus Furcht, die Affen könnten sie überfallen und töten. *Jene Stadt liegt im fernsten Teile des Landes der Schwarzen,* ist die topographische Angabe. Der arabische Geograph IDRĪSĪ (gest. 1154) nennt die Affeninsel ganz konkret als drei Seemeilen von Sansibar entfernt, zwei von der abessinischen Küste, eine von Sokotra. In A gelangt er in eine ganz gewöhnliche Stadt. In beiden Fällen verdient er sich seinen Lebensunterhalt dadurch, daß er gemeinsam mit anderen Kokosnüsse sammelt: Die Nüsse wachsen auf hohen Bäumen, Affen – das bewog wohl den Rezensenten von B, hier die Affenstadt einzufügen – steigen aus Furcht vor den Menschen auf die Bäume und schleudern, wenn die Menschen sie mit mitgebrachten Kieseln bewerfen, Nüsse herunter. Sindbads Gastgeber schlägt die Nüsse, die der ihm überlassen will, aus und rät ihm, sie zu verkaufen. Nachdem er genug Geld erworben hat, findet er ein Schiff zur Heimkehr, handelt auf den Stationen der Rückfahrt ebenfalls mit Kokosnüssen, kommt an der Pfefferinsel vorbei, ein Bericht aus Ibn Churdādhbeh, an Inseln mit Aloeholz. Perlenfischer verhelfen ihm zu weiterem Reichtum. Und wieder folgt Wohlleben in heimischer Ruhe.

Auf der s e c h s t e n   R e i s e verirrt sich das Schiff, auf dem sich Sindbad befindet, in unbekannte Gewässer. Der Kapitän hebt ein Wehgeschrei an, klärt die Reisenden über die Gefahr auf, und der Wind läßt das Schiff an einem Felsen auseinanderbrechen, an dem die Trümmer und Waren anderer Schiffe von deren Unglück zeugen. Auf der Insel, an die Sindbad getrieben wird, entdeckt er einen Bach mit Süßwasser, der unter einem Berg verschwindet, Edelsteine auf dem Boden des Bachs oder der Insel, ferner Ambraquellen nach Ibn Chordādhbeh. Da er in A und BBr mehr Proviant hat als die anderen Überlebenden – bei BBr gräbt er ihn in der Erde ein und bedient sich sparsam nach und nach –, bleibt er als einziger am Leben. Dann aber gibt ihm bei A und BBr Allah den rettenden Gedanken ein, bei BK kommt er selbst auf ihn. Er baut sich ein Floß, belädt es mit Proviant, Edelsteinen, Perlen und Ambra, nimmt sich zwei Stück Holz als Ruder und rezitiert bei BK ein Gedicht, dessen letzte Zeile typisch ist für den Geist der Geschichte, besonders in dieser Fassung:

Den rechten Rat wird immer die eigne Seele bringen! (Li IV, 179)

Wieder einmal durchsteht er Todesängste, vor allem als das Floß lange durch eine enge, dunkle Bergeshöhle fährt, wieder quälen ihn Hunger und Durst. Er schläft ein und erwacht schließlich im Hellen, von dunkelhäutigen Menschen umringt, die in ihm, am logischsten bei BBr, an einem Gedicht, das er voll Freude über seine Rettung sagt, den Araber erkennen. Einer dolmetscht, er wird zum König gebracht und wegen seiner Erlebnisse und kostbaren Geschenke gebührend geehrt. Dem König erzählt er von der gerechten Herrschaft des Kalifen – ohne Nennung des Namens – und der bittet Sindbad voller Bewunderung, ein Geschenk für ihn mitzunehmen. Heimgekehrt, überreicht Sindbad dem Kalifen Harūn er-Raschīd das Geschenk und erzählt von seinen Erlebnissen. Als jedoch der Kalif später nach ihm sendet und ihn nach der Stadt fragt, aus der das Geschenk stammt, kennt er weder deren Namen noch den Weg dahin, berichtet aber noch einmal seine Abenteuer. Der König bringt seine Wertschätzung für diese und ihren Helden dadurch zum Ausdruck, daß er den Chronisten befiehlt, sie aufzuzeichnen und in seinem Schatzhaus niederzulegen *als Lehre für alle, die sie l e s e n würden.*

Die s i e b e n t e R e i s e fällt in der B-Fassung aus dem Rahmen der vorhergehenden sechs, denn in ihr erscheinen Legendenmotive. Das Zerschellen des Schiffs als Voraussetzung für die weiteren Abenteuer erinnert an den Anfang der 6. Reise. Doch diesmal ist es *das äußerste Meer der Welt,* in das sie geraten sind. Der Kapitän zelebriert Zauberrituale mit Hilfe eines geheimnisvollen Pülverchens und entnimmt einem Buch, sie befänden sich im *Gebiet der Könige,* nämlich der Geister, in dem sich das Grab von Salomo dem Sohn Davids, dem Herrn der Geister, befinde. Drei Riesenfische nacheinander versetzen sie in wachsende Todesfurcht, dann läßt der Sturm das Schiff an einem Riff zerbrechen. Sindbad greift sich eine Planke – bei BBr tun das mehrere, doch nur Sindbad überlebt – Angst, Hunger, Kälte, Selbstvorwürfe und wiederum eine rettende Insel.

Der Erzähler bekennt sich hier offen zur Wiederaufnahme eines Motivs. Bei BK sieht Sindbad, nachdem er tagelang auf der Insel umhergestreift ist, einen großen Strom und beschließt, sich wieder ein Floß zu bauen aus Bäumen, die dort stehen, *die bestanden aus kostbarem Sandelholz, dessengleichen es nirgend sonst gibt, aber ich wußte nichts davon* (Li IV, 190). Er fährt mit dem Floß *zum anderen Ende der Insel* und aufs Meer hinaus, trinkt aber dort von dem

Wasser des Stroms, der schließlich seinen Weg unter einen hohen Berg nimmt. Nach weiteren Todesängsten gelangt er mit dem Strom vor eine blühende Stadt, findet dort gastliche Aufnahme bei einem *würdigen Greis,* der ihm, nachdem er ihm drei Tage lang in seinem Haus erholsame Muße beschert hat, rät, seine *Waren* zu verkaufen. Sindbad ist erstaunt, denn er ist sich keiner Waren bewußt, sieht aber dann auf dem Basar, daß man das Holz seines Floßes ausbietet. BBr ist konsequenter in der Ich-Erzählung, denn hier sind Hörer/Leser von der Kostbarkeit des Holzes genauso überrascht wie Sindbad. Man bietet ihm bei BK 1000 Golddinar, bei BBr 10 000, sein edelmütiger Gastgeber schlägt noch 100 Dinar dazu, wenn er es ihm verkaufe. Sindbad ist damit ebenso einverstanden wie später mit dem Vorschlag seines Gastgebers, dessen Tochter zu heiraten, an der ihm nicht nur ihre *Schönheit und Lieblichkeit und ihres Wuchses Ebenmäßigkeit,* die üblichen Stereotype, gefallen, sondern

> reiche Gewänder, viel Schmuck und Geschmeide, Edelsteine, Halsbänder und kostbare Juwelen, Dinge, die tausendmal tausend Goldstücke wert waren, so viel, wie niemand bezahlen konnte (Li IV, 195).

Nach dem Tod ihres Vaters erbt Sindbad dessen Vermögen wie dessen Amt als Vorsteher der Kaufleute. Nun erst entdeckt er eine Besonderheit der männlichen Einwohner: Einmal im Monat wachsen ihnen Flügel. Als er sieht, *daß ihre Züge sich veränderten und ihre Gestalten verwandelt wurden,* dringt er in einen, ihn mitzunehmen. Nach anfänglicher Weigerung trägt der ihn hinauf in den Äther, Sindbad hört die Engel Gott lobpreisen und schließt sich dem Lobpreis an. Eine Flamme fährt vom Himmel, alle steigen zornig hinab und lassen unseren Helden auf einem hohen Berg liegen. Weitere Legendenmotive folgen: Sindbad begegnet zwei Jünglingen *Monden gleich,* die sich auf goldene Stäbe stützen und sich als Diener Gottes ausgeben und ihm einen Stab reichen. Mit dem erschlägt er eine große Schlange, die mit einem Mann im Maul unter dem Berg hervorschießt, der vorher jedem, der ihn rette, Befreiung von aller Not durch Allah verheißen hat. Der Mann will sich zum Dank nie mehr von Sindbad trennen, doch für den Fortgang der Handlung erweist er sich als blindes Motiv. Männer kommen ihm entgegen, unter denen Sindbad den erkennt, der ihn zum Himmel emporgetragen hat. Sindbad entschuldigt sich, macht ihm auch Vorwürfe, wird aber schließlich von ihm zurückgebracht. Sindbads Frau warnt ihn vor den Einwohnern der Stadt und rät ihm, Hab und Gut zu verkaufen und gemeinsam mit ihr nach Bagdad zu gehen. Bei BK und BBu heißt es, gänzlich unwahrscheinlich, diese letzte Reise habe 27 Jahre gedauert. Sindbad jedenfalls langt wohlbehalten und reicher als je zuvor zu Hause an und entsagt vor Allah endgültig dem Reisen.

Sindbad der Festländer entschuldigt sich bei ihm für das, was er ihm *zuleide getan* habe. Bei BK endet der Rahmen in logischer Fortführung der Einleitung und mit einem Märchenschluß.

Das Ende der s e c h s t e n und die s i e b e n t e R e i s e der A-Fassung fügen sich organischer aneinander. Ob sie, wie Casanova annahm, der eigentliche Kern des Abenteuerromans sind, dem die ersten fünf Reisen später vorangesetzt wurden, läßt sich nicht mit Sicherheit feststellen. Jedenfalls sind diese beiden Teile der A-Fassung, wie schon M. Gerhardt feststellte, literarisch gelungener als die der B-Fassung. Die mir vorliegende Form der A-Fassung nach der Langlèsschen Ausgabe weist kleinere Unterschiede zu der auf, die Littmann nach dem 1. Kalkuttaer Druck übersetzte.

Schon bevor Littmanns Übersetzung beginnt, gibt es deutliche Verschiedenheiten von B. Der König, zu dem Sindbad geführt wird, ist der König von Ceylon (Serendīb). Er erweist Sindbad größte Ehren. Der Dialog gibt das viel lebendiger wieder als der Er-Bericht in B. Nach der Aufwartung beim König hat Sindbad noch Gelegenheit, die Stadt und die Insel zu besichtigen. Es folgt eine geographische Beschreibung mit Anklängen an Ibn Churdādhbeh.

Nur mit großen Mühen gelingt es Sindbad, vom König freigestellt zu werden. Er gibt ihm einen Brief an Harūn er-Raschīd mit, dessen kostbares Äußeres dem preziösen Inhalt entspricht: *Er schrieb mir ein Schreiben auf Gazellenleder, schöner als Pergament und Papier, ins gelbliche gehend, geschrieben mit Azurblau* (LS 86).

Das folgende Gewebe aus Phantasie und Realität über Pracht, Herrlichkeit und Sterblichkeit des Maharadscha, ebenso wie die sozialutopische Mär: *In jener Stadt gibt es keinen Kadi, denn alles Volk seines Landes weiß, was gut und böse ist,* scheint einem arabischen Bericht über Indien entnommen.

Die s i e b e n t e Reise folgt logisch aus der sechsten, denn Harūn er-Raschīd will sich dem Maharadscha von Serendīb/König von Ceylon erkenntlich zeigen. Nur auf Harūns Bitte hin begibt sich Sindbad noch einmal auf die Reise. Der Antwortbrief und die prachtvollen Gegengaben Harūns finden sich wie der auslösende Brief mit Varianten in den Namen des Absenders wie des Adressaten bei einigen arabischen Autoren vom 10. Jahrhundert an. Der Titel des Buchs, das Harūn dem Maharadscha schickt, wird unterschiedlich überliefert. Er ist aus der arabischen Literaturgeschichte nicht bekannt. Aus dem Tisch aus der Schatzkammer des Omaijaden Marwān ibn Mohammed bei MAS'ŪDI ist bezeichnenderweise in Tausendundeiner Nacht der Tisch Salomos, des Sohns von David, geworden.

Zum erstenmal trifft Sindbad jetzt bei einer Heimreise ein Unglück. Das Schiff wird von Seeräubern überfallen, und die Insassen, die überleben, werden in die Sklaverei verkauft. Doch wieder stößt Sindbad auf menschliche Güte. Sein Herr schickt ihn, da Sindbad sagt, als Kaufmann verstehe er sich auf kein Handwerk – das steht freilich im Widerspruch zur vierten Reise, wo er in einer Stadt

die Einwohner das Verfertigen von Sätteln und Zaumzeug lehrte und dabei selbst zugriff – mit Pfeil und Bogen
auf Elefantenjagd, im Grunde also auf die Jagd nach Elfenbein. Nun folgt eine Geschichte, die ähnlich auch in der
Ende-gut-alles-gut-Sammlung des TANŪCHI steht. Dort
heißt es: *Es wird von einer Gruppe von alten Seeleuten, die*
öfter in Indien waren, überliefert, sie hätten dort eine ausführ-
liche Geschichte gehört . . . Vermutlich war die Geschichte,
deren Elefantenmotiv tatsächlich auf Indien deutet, schon
vor Tanūchi in Bagdad bekanntes Erzählgut. Der Leitele-
fant entwurzelt den Baum, auf dem Sindbad, zu Tode ver-
ängstigt, sitzt, aber nicht, um an ihm Rache zu nehmen,
sondern um ihn zu einem »Elefantenfriedhof« zu führen.
Er findet Elfenbein in großen Mengen: Rettung für Sindbad, Reichtum für ihn und seinen Herrn und Rettung für
die in ihrer Existenz bedrohten Elefanten, deren Intelligenz die Geschichte sicher ursprünglich beweisen sollte.
Wieder erlangt Sindbad viel Anerkennung, die auch seine
Freilassung aus der Sklaverei bewirkt, er gewinnt weitere
Reichtümer. Wie schon bei der sechsten Reise bezahlt man
ihm die Heimfahrt, den letzten Teil des Wegs legt er
jedoch über das Festland und durch die Wüste reitend, also
ganz unseemännisch, zurück. Er erstattet Bericht beim
Kalifen, der als höchstrangiger Bestätiger sich über seine
Rettung freut, Allah dem Erhabenen dafür dankt und die
Geschichte mit goldenen Lettern aufzeichnen läßt. Die
Fassung im 1. Kalkuttaer Druck schließt offenbar ohne
Rückgriff auf den Rahmen. Bei LS läßt der reiche und
erfolgreiche Seefahrer sich vom Lastträger, den er inzwischen nicht nur an seinen Erlebnissen, sondern auch an
seinem Wohlstand hat teilnehmen lassen und mit Gold
beschenkt hat, bestätigen, daß er seinen Reichtum ver-
diene. Keine Entschuldigung von seiten des Lastträgers,
wie in BK, aber seine Aufforderung an den Seefahrer: *Bleib*
o Herr in deinem Glück und laß den Kummer hinter dir zurück!
sowie die Bemerkung des Erzählers, daß der Seefahrer
den Lastträger zu seinem Tischgefährten machte und sich

beide Tag und Nacht bis an ihr Lebensende nicht mehr trennten, beschließen die Geschichte.

Es waren also nicht nur die phantastischen Abenteuer Sindbads, die die Konsumenten der Geschichte im Orient wie später in Europa faszinierten. Der Grundgedanke des Romans: *Dem Tüchtigen gehört die Welt* kommt sicher jugendlichen Träumen entgegen. Doch ist er hier eng verwoben mit einem Anspruch, der vermutlich dem (bürgerlich-höfischen) europäischen Lesepublikum zur Zeit Gallands ebenso genehm war wie der wohlhabenden Kaufmannsschicht im Irak des 9. Jahrhunderts als den ursprünglichen Inspiratoren wie Adressaten: Reichtum ist verdient. Die Vorstellung, daß der Reiche den Armen teilhaben lasse an seinem Wohlstand, entspringt islamischen Vorstellungen von der sozialen Verantwortlichkeit des Wohlhabenden, wie sie christlichen Gedanken von Nächstenliebe entspricht. Sie setzt hier aber voraus, daß der Arme die Rechtmäßigkeit des Reichtums und die unvergleichliche Tüchtigkeit des Erfolgreichen respektiere. Dies, die soziale Anerkennung, die dem Helden zuteil wird, spielt auch in anderen Geschichten aus Tausendundeiner Nacht eine große Rolle. In der Sindbad-Geschichte wirkt sie stellenweise schon durch den Ich-Bericht wie Prahlerei:

Ich schloß auch Freundschaft mit den Einwohnern und stand bald bei ihnen und bei ihrem König in höheren Ehren als die Großen des Reichs aus dem Volke der Stadt (Li IV, 147).

Der Hintergrund einer Märchenwelt, in der man grundehrlich miteinander umgeht – nur Sindbad selbst fällt nach seinen »Abenteuern« in der Leichenhöhle aus dieser Rolle –, in der der Mensch dem Menschen vertrauen kann, erhöht den Legitimitätsanspruch einer Gesellschaftsschicht, die sich hier ein Heldenbild geschaffen hat.

Nehmen wir den Abenteuerhelden Sindbad unter die Lupe, so erkennen wir: Die Menschen in seiner Umgebung scheinen dazu da, ihm in Notsituationen zu helfen, wie jedesmal die Besatzungen der Schiffe, die ihn aufnehmen, außerdem dazu, seine Tüchtigkeit zu bestätigen und ihm, beziehungsweise den Konsumenten der Geschichte, die sich mit ihm identifizieren mochten, zu zeigen, daß er grundsätzlich fähiger ist als alle anderen. Zu Recht überlebt er stets als einziger, so stellt es sich dar. Man könnte, vor allem aus der B-Fassung der Geschichte, fast das *survival of the fittest* des Sozialdarwinismus herauslesen. Doch Sindbad ist auch ein frommer Muslim, der sich in allen Nöten an Allah wendet, der in der sechsten Reise bedauert, nicht wie seine Gefährten ein islamisches Begräbnis erhalten zu können, und sich sogar vorsorglich selbst sein Grab schaufelt, ein Motiv, das, wenn auch in anderen Bezügen, die islamische mystische Literatur ebenfalls kennt. So ergibt sich durchaus kein *Ludergeruch*, kein Bruch mit der braven Bürgermoral des *Bete und arbeite* – beides sagt ERNST BLOCH dem Abenteuerroman nach –, sondern eher deren phantastische Überhöhung: *Riskier, doch vergiß nie zu beten* – die Moral eines freien, auch rücksichtslosen Unternehmergeistes, der sich mit höheren Mächten im Bunde weiß.

Der Rezensent der B-Fassung im zweiten Kalkuttaer und den beiden Bulaker Drucken hat der dritten und der vierten Reise, bei der Sindbad den menschenfressenden Riesen blendet und in der Leichenhöhle die lebendig Beigesetzten erschlägt, um überleben zu können, eine moralische Wertung hinzugefügt, die der A- und der BBr-Fassung fehlt. In diesen beiden Fassungen gibt Sindbad von der zweiten Reise an bei jeder Heimkehr Almosen oder kleidet Witwen und Waisen. In der BK-Fassung tut er das, gewissermaßen als Sühne für begangenes Unrecht, nur nach der dritten und vierten Reise. In ihr läßt der Erzähler Sindbad in der siebenten Reise zusätzlich zu den üblichen Selbstvorwürfen seine materielle Begehrlichkeit beklagen: *Was ich erleide, kommt alles nur von meiner Gier her, und dabei habe ich schon soviel Geld und Gut* (Li IV, 189). Die moralische Unbekümmertheit ist also in dieser, sicher spätesten, Fassung verloren gegangen.

Warum das Werk nicht als geschlossenes Ganzes mit lediglich kleineren Varianten überliefert wurde, läßt sich heute nicht mehr feststellen. Ebensowenig läßt sich eindeutig sagen, ob alle sieben Reisen in der A-Fassung von einem Verfasser stammen. Die beiden letzten Reisen unterscheiden sich in dieser Fassung von den ersten fünf, mehr geographisch orientierten, durch die Verwendung von Motiven aus der Adab-Literatur, die freilich in einem fernen Land angesiedelt sind. In der B-Fassung wurden die (scheinbar) konkreten geographischen Details als offenbar nebensächlich zugunsten einer stärkeren literarischen Ausschmückung aufgegeben. Die siebente Reise hat einen ganz anderen Inhalt bekommen. Woher deren Motive stammen, ist noch nicht geklärt. Die Jünglinge mit den goldenen Stäben finden sich ebenfalls in einer Fassung des *Alexanderromans*.

M. Gerhardt hat festgestellt, daß im Gegensatz zu europäischen Vorstellungen vom Aufbau einer solchen mehrteiligen Geschichte ihr Höhepunkt nicht am Ende, sondern in der vierten Reise liegt. Tatsächlich kulminiert die Zahl wie die Qualität der gefährlichen Abenteuer in dieser Reise. Den Gipfel höfischer Pracht jedoch bringen in der A-Fassung die sechste und die siebente Reise. In der B-Fassung erinnert die siebente Reise mit ihren Legendenmotiven an späte ägyptische Märchen, wie sie vor allem der sechste Band der Littmannschen Übersetzung nach K enthält.

Alle mir vorliegenden Ausformungen der Geschichte brillieren in Reimprosa. Vor allem das Meer wird zum Topos, wird immer wieder mit reimenden Epitheta versehen, von denen vielleicht das für die Geschichte Charakteristischste ist: *Wer in es dringt, der ist verloren; wer aus ihm kommt, ist neugeboren* (LS 31).

Das Schema der Ich-Erzählung, deren Reiz für den Hörer/Leser in den stärkeren Identifikationsmöglichkeiten wie im scheinbar höheren Realitätsgehalt liegt und die deswegen gerade bei Abenteuererzählungen beliebt ist, haben die Erzähler recht gekonnt gehandhabt. Fast durchgängig erkennen Hörer/Leser erst mit dem Helden nach und nach bestimmte Zusammenhänge oder Fakten, sind dann genauso überrascht wie er. In der A- wie in der B-Fassung lassen die Erzähler indirekt erkennen, daß sie bekannte Motive aufgreifen, etwa wenn sich der Held im Diamantental plötzlich der Berichte über dieses Tal erinnert und aus ihnen sein Verhalten ableitet, ähnlich beim Ei des Vogels Ruch, beim Alten vom Meer, über den ihn erst die rettende Schiffsbesatzung im nachhinein als über ein bekanntes Phänomen aufklärt.

T. TODOROV nimmt in seinem brillanten Essay über *die Erzählmenschen* den Sindbad-Roman als Standardbeispiel für eine Literatur, bei der der Akzent *immer auf dem Prädikat und nicht auf dem Subjekt des Satzes* liege. Diese zunächst vielleicht bestechend wirkende Charakterisierung geht jedoch nicht von den arabischen Originaltexten aus. Dem Nichtarabisten ist zu erklären, daß in arabischen Verbalsätzen, deren Subjekt (im Deutschen) ein Personalpronomen ist, die handelnde Person durch die Verbform zum Ausdruck gebracht wird, also *safartu* »ich reiste«, *wasaltu* »ich kam an«. Das Verb steht in solchen Sätzen am Anfang, und die ständige Wiederholung des (Perfekt-)Suffixes *tu* wirkt nicht nur sehr rhythmisch, sondern wie eine Hervorhebung des erzählenden Ich. Im Sindbad-Roman finden sich zudem relativ viele Nominalsätze, in denen das Personalpronomen erscheint, vor allem dann, wenn Sindbad über seine Ängste und Nöte, seine Ratlosigkeit, auch seine Freude über eine Rettung berichtet. Außerdem redet er sich öfter selbst an, meist mit Namen, andere nennen seinen Namen ebenfalls. So würde ich gerade im Sindbad-Roman ein Paradebeispiel für eine Geschichte sehen, bei der nicht nur, analog zur arabischen Verbalform, Handelnder und Handlung in eins verschmelzen, sondern bei der das handelnde, gelegentlich leidende Ich im Vordergrund steht.

Motive aus Sindbad dem Seefahrer finden sich auch im

Märchenroman von *Hasan von Basra* und in der *Geschichte von Saif el-Mulūk*, die aus dem Arabischen ins Persische und Türkische übergegangen ist und in allen drei Sprachen auch selbständig existiert.

VII

Vom »archetypischen Glanz« und literarischer Neubesinnung

Tausendundeine Nacht im arabischen Raum heute

ERNST BLOCH spricht im *Prinzip Hoffnung* vom *archetypischen Glanz von Tausendundeiner Nacht,* davon, daß im Orient *zwar nicht die angegebene Aufsässigkeit in so manchem Grimmschen Märchen, wohl aber das Wunderhafte, das Abenteuer und die Landschaft des Magischen* (für den Nichtorientalen!) kulminiere. Daß die Sammlung gerade in d e n Märchen, die in Europa zu ihren Standardstücken zählen, im Traum *vom leichteren oder bunteren Anderswo* par excellence auch ganz konkrete Identifikationsmodelle im reizvollen exotischen Gewand für ein aufsteigendes europäisches Bürgertum – wie für jugendliche Leser – bot und für diese heute noch bietet, wurde gezeigt.

In Ägypten gab es im 19. Jahrhundert einen weit verbreiteten Volksaberglauben, wer *Alf Laila wa-Laila* innerhalb eines Jahres lese, müsse noch im selben Jahr sterben. Daß die Sammlung dort auch heute noch sehr umstritten ist, bewies eine Nachricht, die im Frühsommer 1985 die Medien beschäftigte: islamische Fundamentalisten gingen gerichtlich gegen eine illustrierte Alf-Laila-Ausgabe vor.

Tatsächlich war es die europäische Begeisterung für GALLANDS *Les Mille et Une Nuit* und die aus ihr in andere europäische Sprachen übersetzten Ausgaben, die die Aufmerksamkeit arabischer Intellektueller vom Beginn des vorigen Jahrhunderts an auf dieses Werk lenkte, das im Orient ein Erzählwerk unter vielen war und zudem aus Gründen, die oben dargelegt wurden, bei Gebildeten nichts galt.

Die aufgezwungene Begegnung mit dem europäischen Kolonialismus führte in den arabischen Ländern bei der damals sehr kleinen Schicht der einheimischen Intelligenz aber auch zum Kennenlernen anderer Lebens- und Denkweisen, führte zur schmerzhaften Einsicht in die eigene technische und zivilisatorische Zurückgebliebenheit als Folge eines jahrhundertelangen wirtschaftlichen, politischen und kulturellen Niedergangs. Ideengut der französischen Aufklärung und der französischen Revolution regte zum Überdenken eigener Traditionen und Positionen im politischen, religiösen, sozialen und kulturellen Bereich an. Auf eine anfänglich oft blinde Bewunderung europäischer Überlegenheit folgte nach und nach eine differenziertere Sicht, konnte allerdings, aus einer Position der Enttäuschung, auch die radikale Ablehnung all dessen folgen, was man für »westlich«, das heißt europäisch, hielt und hält. Gerade angesichts der politischen Vereinnahmung und einer drohenden kulturellen Überfremdung trat die Besinnung auf Blütezeiten der eigenen Geschichte und Kulturgeschichte, auch in vorislamischer Zeit, in den Vordergrund. Die Herausbildung eines eigenen Zeitungswesens, verstärkt seit etwa 1870, förderte die Entwicklung einer moderneren Schriftsprache, die nicht nur im Wortschatz neuen zivilisatorischen und politischen Gegebenheiten Rechnung trug. Die Presse bahnte sprachlich und formal der modernen arabischen Literatur die Wege, druckte sie doch neben und nach Übersetzungen, zunächst vor allem aus der französischen und englischen Literatur, die ersten Versuche arabischer Schriftsteller, sich von der zeitgenössischen europäischen Literatur übernommener Gattungen zu bedienen, sie mit eigenem Leben zu füllen.

Die moderne arabische Literatur, die sich, zunächst in Ägypten und im Raum Syrien/Libanon seit den siebziger/achtziger Jahren des vorigen Jahrhunderts, später auch in anderen arabischen Ländern, herausbildete, war von Beginn an eine engagierte Literatur. Ihre besten Vertreter wollten soziale und politische Mißstände bewußt machen und damit Veränderungen, Reformen bewirken. Sie wandten sich an Leser, die mit dieser Art Literatur ähnlich geringe Erfahrungen hatten wie die, die sie schufen. Doch setzte allmählich ein Demokratisierungsprozeß auch im Bildungswesen ein. Kultur, Literatur, Bildung durften nicht mehr das Privileg einer winzigen Elite sein, nur dann, davon war man überzeugt, konnte sich eine Entwicklung zum zivilisatorischen Fortschritt vollziehen, konnten politische und soziale Reformen verwirklicht werden. Dieser Prozeß dauert bis heute an.

Auf der Suche nach den Werten der eigenen Kultur und Literatur stieß man zwangsläufig auch auf Tausendundeine Nacht. Bereits seit den siebziger Jahren des vorigen Jahrhunderts, als sich in Syrien und danach in Ägypten die ersten Theatertruppen etablierten und vor einem ausgesuchten Publikum meist Adaptionen französischer Stücke spielten, entstanden Theaterstücke, die Motive aus Tausendundeiner Nacht aufnahmen. Sie sind heute meist verlorengegangen. In den dreißiger/vierziger Jahren dieses Jahrhunderts, zu einer Zeit, als in Ägypten die ersten, literarischen Ansprüchen genügenden, Romane, Erzählungen und Dramen veröffentlicht wurden, wandten sich prominente Autoren bewußt Stoffen aus Tausendundeiner Nacht zu. Diese Autoren hatten den größeren Teil ihrer akademischen Bildung in Frankreich erworben. TAUFĪK EL-HAKĪM (geb. 1898), der heute als Altmeister des ägyptischen Theaters gilt, veröffentlichte 1934 ein in der Tradition des französischen Symbolismus stehendes Lesedrama *Schehrezād*. Hier verschmilzt Schehrezād in mancher Hinsicht mit der altägyptischen Liebes- und Himmelsgöttin Isis. Doch zeichnet T. el-Hakīm, bis heute bekannt für seine Frauenfeindlichkeit, sie als Symbol der stets der (niederen) Realität verhafteten Psyche der Frau, die den Mann Schehrijār von seiner faustischen Suche nach individueller Erfahrung und Erkenntnis abbringen will. Dieses nicht sehr schmeichelhafte Bild der berühmten Erzählerin rief offenbar so sehr den Protest zeitgenössischer Vertreter des ägyptischen Kulturlebens hervor, daß Taufik el-Hakīm

1936 gemeinsam mit TĀHA HUSAIN (1889–1973), dem
Wegbereiter einer humanistischen Bildung in Ägypten,
einen reizvollen Märchenroman *Das Zauberschloß* schrieb.
Hier wird nicht nur mit dem damals in Ägypten schon
prominenten Taufik el-Hakīm ironisch-despektierlich ins
Gericht gegangen, sondern in einer Zeit starken innenpo-
litischen Drucks in Ägypten wird Schehrezād zum Sinn-
bild freier schöpferischer Phantasie, ja der Freiheit des
Denkens generell. Beide Schriftsteller kehrten einige Jahre
später zur Gestalt der Schehrezād zurück. Taufik el-
Hakīm stellte sie 1943 in einer Erzählung dem *zeitgenössi-*
schen Schehrijār Hitler gegenüber. Vergebens versucht sie,
den modernen Massenmörder zur Besinnung zu bringen.
Tāha Husain veröffentlichte im selben Kriegsjahr eine
phantasievolle Märchenallegorie *Schehrezāds Träume,* in
der wiederum Schehrezād gescheite Mahnerin ist, den
König Schehrijār, der hier stellvertretend steht für den
damaligen ägyptischen König Faruk, an seine Herrscher-
pflichten gegenüber seinen Untertanen erinnert, zu Be-
sonnenheit in den Beziehungen zwischen den Völkern, zu
Frieden aufruft. In einer Literatur, zu deren zentralen Themen die Position der Frau in der Gesellschaft gehört,
wurde Schehrezād auch zur Kristallisationsgestalt er-
wünschter weiblicher Klugheit und Emanzipation. Tāha
Husain war es, der in den vierziger Jahren eine seiner ersten weiblichen Doktoranden, SAHĪR EL-KALAMĀWI (el-
Qalamāwī) zu einer *Dissertation* über *Tausendundeine*
Nacht anregte, die inzwischen schon die 4. Auflage erfahren hat.

NAGĪB MACHFŪS (geb. 1911) – er gilt heute als der bedeu-
tendste Romancier Ägyptens – hat 1982 einen Märchenroman oder eher eine Folge von Kunstmärchenepisoden
mit dem Titel *Die Nächte der tausend Nächte* veröffentlicht,
in der er Gestalten und Motive aus der Sammlung aufnimmt, auch mit Geistern und Zauberrequisiten wie einer
Tarnkappe operiert. Doch die Märchenelemente dienen
symbolhafter Moral- und Sozialkritik. Die Korrumpier-

barkeit des Menschen durch korrupte gesellschaftliche Verhältnisse, das Korrumpierende von Macht schlechthin, auch von Schönheit, werden hier bloßgestellt. Machfūs setzt humanistische Werte der islamischen Mystik der moralisch-ethischen Fragwürdigkeit leerer Pflichterfüllung aus Bequemlichkeit – im Deutschen gibt es dafür den Terminus »Befehlsnotstand« – entgegen. Böse Geister fungieren als Verführer, die guten werden zur kritischen Instanz für menschliches Verhalten. Auch Ideen des französischen utopischen Sozialismus schimmern durch: Der redliche, unbestechliche Mann aus dem Volk, *Ma'rūf der Schuhflicker,* ist es, der schließlich der Korruption und Korrumpierbarkeit durch Macht ein Ende setzt und, qualifiziert allein durch Güte, Aufrichtigkeit und seinen festen Glauben, eine gerechte Ordnung errichtet.

Der Syrolibanese CHEIRI EDH-DHAHABI und der Syrer HĀNI ER-RĀHIB behandelten in ihren Romanen *Arabische Nächte* (1978) und *Die Nächte der tausendundzweiten Nacht* (1978) konfessionelle Fehden im Libanon beziehungsweise die soziale Situation nach dem Sechstagekrieg in Syrien. SA'DALLAH WANNŪS, prominentester Vertreter eines avantgardistischen Theaters in Syrien, veröffentlichte 1978 ein Stück *Der König ist der König,* in dem er an die nur beim ersten Lesen vordergründig humorvolle *Geschichte vom erwachten Schläfer* anknüpft. Er nutzt den Stoff unter Hinzufügung neuer Personen zur symbolhaften Darstellung des Phänomens staatlicher Macht und der stets von egoistischen Interessen determinierten Machtausübung durch einen individuellen Herrscher, des Zwangs zum permanenten Rollenspiel, zur Maskerade unter bestimmten politischen und sozialen Voraussetzungen.

Die Beispiele ließen sich mehren.

So wie früher arabische Volkserzähler den Erzählstoffen, die sie vortrugen, auch ihr eigenes Gepräge gaben, angeregt vom Publikum, das sie unterhalten wollten, wie später europäische Übersetzer Geschichten aus Tausendundeiner Nacht für *die Lesewelt* ihrer Zeit aufbereiteten, formen in diesem Jahrhundert arabische Schriftsteller Motive und Gestalten aus der Sammlung neu. Anknüpfend einerseits an Traditionen der arabischen Adab-Literatur, die Unterhaltung mit der Absicht zu belehren verband, nutzen arabische Schriftsteller formale Mittel der modernen Weltliteratur, zu der auch die gattungsspezifisch oft stark realitätsbezogene Symbolik des Kunstmärchens gehört, und Erzählstoffe und Gestalten aus Tausendundeiner Nacht, um brisante Themen literarisch zu behandeln.

Das ist nicht mehr *orientalische Szenerie,* die *dem Märchenwunsch am wahlverwandtesten* nachgibt, ihn aufnimmt, sondern oft symbolhaft-hintergründige Auseinandersetzung unmittelbar Betroffener mit einer manchmal verbitternden Gegenwart. Dem deutschsprachigen Leser sind diese Werke, die, wie der größte Teil der modernen arabischen Literatur, intime Einblicke in heutige arabische Lebens- und Denkformen gewähren, nicht durch Übersetzungen erschlossen. Doch ist die Entzauberung des Orientbildes durch andere Medien und Faktoren als die Literatur längst erfolgt. Gerade angesichts dieser Entzauberung, nicht nur des Orients, wird Tausendundeine Nacht ihren Zauberglanz bewahren.

AUSWAHLBIBLIOGRAPHIE

Benutzte oder eingesehene Textausgaben

Arabische Verfassernamen und Titel werden in der wissenschaftlichen Transkription wiedergegeben.

Br = *Tausend und eine Nacht arabisch*. Nach einer Handschrift aus Tunis hgb. v. M. *Habicht*. Bd. 1–8; Bd. 9–12 hgb. v. *H. L. Fleischer*. Breslau 1824–43. (s. o. S. 32 f.)

Bu = *Alf laila wa-laila*. Ğ. 1, 2. Būlāq 1251/1835. (1. Bulaker Druck)

K = *The alif (!) laila or book of the thousand nights and one night . . .* ed. by *W. H. Macnaghten*. Vol. 1–4. Calcutta 1839–42. (2. Kalkuttaer Druck)

M = *The thousand and one nights (Alf layla wa-layla) from the earliest known sources*. Arabic text ed. with introduction and notes by *M. Mahdi*. Vol. 1. Leiden 1984. (Ausgabe der Handschrift, die Galland vorlag, s. o. S. 17 f.)

W = *Das Buch der wunderbaren Erzählungen und seltsamen Geschichten*, hgb. v. *H. Wehr*. Wiesbaden 1956. (Bibliotheca Islamica, Bd. 18). (s. o. S. 19 f.)

Kitāb Alf laila wa-laila. Ğ. 1–4. Būlāq 1279/1862. (2. Bulaker Druck)

LS, Z s. S. 169

Benutzte oder eingesehene Übersetzungen

Amander = *Arabische Liebes-Händel und andere Seltzame Begebenheiten/ welche von einer Sultanin in tausend Nacht-Gesprächen erzehlet/und zugleich viele Sitten und Gewohnheiten der Morgenländer/auf eine gar sonderbahre und angenehme Art vorgetragen werden. Unlängst durch Hrn. Galland . . . aus der Arabischen Sprache in die Frantzösische/Und ietzo aus solcher in die Teutsche mit Fleiß übersetzet. Durch Amandern.* Cölln bey Peter Marteau/An (Rest herausgerissen; 1706, 1. bis 69. Nacht.) (s. o. S. 40 f.)

B = *A plain and literal translation of the Arabian nights' entertainments . . .* With introduction, explanatory notes on the manners and customs of Moslem men and a terminal essay upon the history of the nights by *R. F. Burton*. Vol. 1–10. Benares: Kamashastra Society 1885. Dass. numeriert und mit Illustrationen: Burton Club 1885. (s. o. S. 47–50).

BS = *Supplemental nights to the book of the thousand nights and one night*. With notes anthropological and explanatory by *R. F. Burton*. Vol. 1–6. Benares: Kamashastra Society 1886–88.

G = *Les mille et une nuit(!)*. Contes arabes, traduits en françois. Par Mr. *Galland*... T. 1, nouv. éd. corrigée. Paris: Compagnie des Libraires 1747; T. 3/4, 5/6, 3. éd. La Haye: Pierre Husson 1706; T. 7, 4. éd. La Haye: Pierre Husson 1707; T. 9, nouv. éd. La Haye: Jean Martin Husson 1761; T. 11/12. La Haye: Pierre Husson 1730–31. (s. o. S. 29–40)

Gr = *Die Erzählungen aus den Tausendundein Nächten*. Vollst. deutsche Ausgabe in 12 Bänden auf Grund der Burton'schen engl. Ausgabe bes. v. *F. P. Greve*. Leipzig: Insel-Verlag 1907. (s. o. S. 51)

H = *Tausend und eine Nacht*. Arabische Erzählungen. Deutsch v. *M. Habicht, H. von der Hagen und C. Schall*. Neu hgb. v. K. M. Schiller. Bd. 1–12. Leipzig: F. W. Hendel Verlag 1926. (s. o. S. 41 f.)

Henning = *Tausend und eine Nacht*. Aus dem Arab. übertr. v. *M. Henning*. Bd. 1–17. Nachträge, Bd. 18–24. Leipzig: Philipp Reclam o. J. (1895–97). (s. o. S. 45 f.)

HP = *Der Tausend und Einen Nacht noch nicht übersezte Mährchen, Erzählungen und Anekdoten*. Zum erstenmale aus dem Arab. in's Franz. übersezt von *J. von Hammer* und aus dem Franz. in's Deutsche von *A. E. Zinserling*. Bd. 1–3. Tübingen: C. G. Cotta 1823–24. (s. o. S. 42 f.)

Karwath = *Das Buch der Tausend Nächte und der einen Nacht*. Vollst. und in keiner Weise gekürzte Ausgabe nach den vorh. orientalischen Texten, bes. v. *Cary v. Karwath*. Bd. 1–18. Wien: C. W. Stern, 1906–14. (s. o. S. 51 f.)

Kö = *Tausend eine Nacht* (!). Arab. Erzählungen Deutsch v. *Alexander König*. Bd. 1–24. Leipzig: Georg Wigand 1841. (s. o. S. 43 f.)

L = *The thousand and one nights*. A new translation from the Arabic by *E. W. Lane*. Vol. 1–3. London: C. Knight & Co. 1840–41. (s. o. S. 46 f.)

Li = *Die Erzählungen aus den tausendundein Nächten*. Zum ersten Mal nach dem arabischen Urtext der Calcuttaer Ausgabe vom Jahre 1839 übertr. v. *E. Littmann*. Bd. 1–6. Leipzig: Insel-Verlag o. J. (1966). (s. o. S. 52)

Mardrus = *Le livre des mille nuits et une nuit*, trad. littérale et compléte du texte arabe par *J.-C. Mardrus*. T. 1–16. Paris: E. Fasquelle 1900–1904. (s. o. S. 50 f.)

P = *The book of the thousand nights and one night;* now first completely done into English prose and verse form the original Arabic by *J. Payne*. Vol. 1–9. London: Villon Society 1882–84. (s. o. S. 48 f.)

Talander = *Die Tausend und Eine Nacht, Worinnen Seltsame Arabische Historien und wunderbahre Begebenheiten, benebst artigen Liebes-Intriguen, auch Sitten und Gewonheiten der Morgenländer auf sehr anmuthige Weise erzehlet werden*... Erster und Anderer Teil mit einer Vorrede Hrn. *Talanders*. Gedruckt zum dritten mahl. Leipzig: Joh. Ludwig Gleditsch u. Moritz Georg Weidmann 1717–21. (s. o. S. 41)

Voss = *Die Tausend und eine Nacht*, arab. Erzählungen, ins Franz. übers. v. *A. Galland*. Aus d. Franz. übers. v. *J. H. Voss*. Bd. 1–6. Bremen: Cramer 1781–85. (s. o. S. 41)

Wl[1] = *Tausend und eine Nacht,* übers. v. *Gustav Weil,* hgb. v. *A. Lewald.*
Bd.1–4. Stuttgart: Verlag der Classiker 1838–41. (s. o. S. 43–45)
Wl[3] = *Tausend und eine Nacht.* Arab. Erzählungen. Zum ersten Male aus
d. Urtext vollst. u. treu übers. v. *G. Weil.* Neu hgb. v. *L. Fulda.*
Bd.1–4. Berlin: Neufeld & Henius o.J. (1913).
WW = Weisweiler, M.: Arabische Märchen, Bd.1. Düsseldorf, Köln
1965.

Da aus der Fülle von Literatur zu Tausendundeiner Nacht nur die Titel
genannt werden sollen, auf die im Text Bezug genommen wurde, oder
die mir besonders wichtig erscheinen, hier eine Verweisung auf folgende

Bibliographien

Deutsche Übersetzungen werden, nicht ganz fehlerfrei, aufgelistet in
Hayn, H., Gotendorf, A. N.: Bibliotheca Germanorum erotica et curiosa.
Bd. 5, München 1913, 274–82; Bd.9, München 1929, 575–78; – Eine
Übersicht über Handschriften, Drucke, Übersetzungen und ihren
Geschichtenbestand, Resümees der Geschichten mit Literaturhinweisen
und Verweisungen auf ähnliche Motive in Märchen anderer Völker
bringt *Chauvin, V.: Bibliographie des ouvrages Arabes ou relatifs aux Arabes
publiés dans l'Europe chrétienne de 1810 à 1885.* T. 4–7 und 11. Liège, Leipzig
1900–05. – Eine Art kommentierte Bibliographie, Überblick über
Übersetzungen in europäische Sprachen, Handschriften, Drucke, orien-
talistische Forschungsergebnisse ist *Tauer, F.: Tausendundeine Nacht im
Weltschrifttum als Gegenstand der Lektüre und der Forschung.* In: Inselalmanach, 1968, 122–47. – Eine umfangreiche Bibliographie enthält *Gerhardt,
M.: The art . . .* (s. u. S.167), eine Ergänzung dazu *Grotzfeld, H. u. S.: Die
Erzählungen . . .* (s. u. S.167).

Allgemeinere Darstellungen

Über Forschungs- und Textgeschichte informieren *J. Oestrup's Studien
über 1001 Nacht aus dem Dän. (nebst einigen Zusätzen)* übers. v. *O. Rescher.*
Stuttgart 1925, mit einem Anhang *der hauptsächlichsten Motive in der arabischen Erzählungs-Literatur mit besonderer Berücksichtigung von 1001 Nacht,*
ergänzt von *E. Littmann* im *Nachwort* zu seiner *Übersetzung,*
Bd. 6, 647–728. Es komplementiert *Littmanns* akademische Antrittsrede
Tausendundeine Nacht in der arabischen Literatur. Tübingen 1923. – Über
den Ursprung der Sammlung, den einzelner Geschichten, die Handschriften, Drucke, Übersetzungen informiert *Elisséef, N.: Thémes et
motifs des mille et une nuits.* Beyrouth 1949. Mit einem *Index von Themen,
Motiven und epischem Zubehör,* S.85–188, und Konkordanztafeln über

die Position der Geschichten in Drucken und Übersetzungen. – Die einzige literaturwissenschaftliche Untersuchung der Sammlung als Ganzem, im wesentlichen nach der Littmannschen Übersetzung, verfaßt von einer Literaturwissenschaftlerin, jedoch Nichtarabistin, ist *Gerhardt, M.: The art of story-telling*. Leiden 1963.

Zur Textgeschichte

Die neueste Zusammenfassung orientalistischer Forschungsergebnisse mit knappen Ausführungen zum literarischen Umfeld, zu Sprache und Stil und zur inneren Struktur enthält *Grotzfeld, H. u. S.: Die Erzählungen aus ›Tausendundeiner Nacht‹*. Darmstadt 1984 [Erträge d. Forschung, 207]. – An älteren Artikeln ist zu empfehlen *Macdonald, D. B.: The earlier history of the Arabian nights*. In: JRAS (1924), 353–97; – *Horovitz, J.: Die Entstehung von Tausendundeine (!) Nacht*. In: The Review of Nations, April 1927, 85–111. – *Abbott, N.: A ninth-century fragment of the »Thousand Nights«*. In: Journal of Near Eastern Studies 8 (1949), 3, 129–64, informiert über das Handschriftenfragment aus dem 9. Jahrhundert. – *Goitein, S. D.: The oldest documentary evidence for the title alf laila wa-laila*. In: JAOS 78 (1959), 301 f., beschreibt seinen Fund in der Kairoer Geniza.

Zur Geschichte der Sammlung in Europa, den Übersetzungen und Übersetzern

Macdonald, D. B.: Maximilian Habicht and his recension of the thousand and one nights. In: JRAS (1909), 685–704, führt die Quellen für Habichts »tunesische Rezension« auf. – *Ders.: A bibliographical and literary study of the first appearence of the Arabian nights in Europe*. In: The Library Quarterly 2 (1932), 387–420, beschreibt u. a. die ersten Galland-Drucke und frühe englische Übersetzungen. – *Ders.: On translating the ›Arabian nights‹*. In: The Nation, New York, 30. 8. 1900, 167 f., 6. 9. 1900, 185 f. – Neuer dazu *Knipp, C.: The Arabian nights in England*. In: JAL 5 (1964), 44–74. – Eine objektive Burton-Biographie gibt *Wright, M.: The life of Sir Richard Burton*. London 1906. – Nicht zugänglich waren mir Wrights Biographie von *J. Payne*, London 1919, und seine Edition von dessen Autobiographie, Olney 1926. – Zu Galland: *Abdel-Halim, M.: Antoine Galland, sa vie et son oeuvre*. Paris 1964. – Über den Wandel des europäischen Orientbildes im 17./18. Jahrhundert informiert *Rodinson, M.: Das Bild im Westen*... In: Das Vermächtnis des Islams. Bd. 1. Zürich, München 1980, 23–81.

Tausendundeine Nacht als religions-, kultur-,
sozialhistorische und ethnographische Quelle

Zu beachten ist vor allem *Nöldekes* Rezension in: Der Islam 12 (1922),
111–14, zu *Rescher, O.: Studien über den Inhalt von 1001 Nacht*. In: Der
Islam 9 (1919), 1–94. Nöldeke weist darauf hin, daß die Sammlung nur
unter Beachtung ihrer zeitlichen und regionalen Heterogenität als Quelle
genutzt werden kann. Generell ist ihr ein Quellenwert nicht abzuspre-
chen. – Ausgewählte Aspekte erschließen *Henninger, J.: Mohammeda-
nische Polemik gegen das Christentum in 1001 Nacht*. In: Neue Zeitschrift f.
Missionswissenschaft 2 (1946), 289–305; – *Ders.: Über die völkerkundliche
Bedeutung von 1001 Nacht*. In: Schweizerisches Archiv f. Volkskunde 44
(1947), 35–65; – *Ders.: Der geographische Horizont der Erzähler von 1001
Nacht*. In: Geographica Helvetica 4 (1949), 214–29; – *Al-Qalamāwī, Z.:
Alf laila wa-laila*. Kairo o. J., enthält u. a. Kapitel über die Rolle der Reli-
gion, der Tiere, der Frau, über das soziale Leben, Erziehung und Wissen-
schaft, Ethik; – *Schützinger, H.: Die Schelmengeschichten in 1001 Nacht als
Ausdruck der ägyptischen Volksmeinung*. In: Rhein. Jahrbuch f. Volkskunde
21 (1973), 200–215. – *Walther, W.: Das Bild der Frau in Tausendundeiner
Nacht*. In: HBO 4 (1982), 69–91.

Zur Herkunft von Motiven, Geschichten und
formalen Elementen

INDISCH *Cosquin, E.: Le prologue-cadre des 1001 nuits*. In: Cosquin, E.:
Études folkloriques. Paris 1922, 265–347; – *Alsdorf, L.: Zwei neue Belege
zur »indischen« Herkunft von 1001 Nacht*. In: ZDMG 89 (1935), 275–314
Motive aus Hasan von Basra und dem Ebenholzpferd.
GRIECHISCH *Grunebaum, G. E. v.: Greek form elements in the Arabian
nights*. In: JAOS 62 (1942), 277–92; – *Ders.: Schöpferische Entlehnung:
Griechenland in Tausendundeiner Nacht*. In seinem Buch: Der Islam im Mit-
telalter. Zürich, Stuttgart 1963, 376–405, über den Einfluß des griechi-
schen Trivialromans auf die längeren Liebesromane, auf Sindbad den
Seefahrer u. a., der zweite Artikel ergänzt den ersten.
PERSISCH *Horovitz, J.: Saif al-mulūk*. In: Mitteilungen des Seminars für
orientalische Sprachen Berlin 6 (1903) 52–56.
JÜDISCH *Perles, J.: Rabbinische Aggadas in 1001 Nacht*. In: Monatsschrift
f. Geschichte u. Wissenschaft d. Judentums, N. F. 5 (1873), 14–34,
61–85, 116–125.
Aus der ADAB-LITERATUR *Chester, F. D.: Ibrahim of Mosul: A study in
Arabic literary tradition*. In: JRAS 16 (1896), 261–74; – *Schaade, A.: Zur
Herkunft und Urform einiger Abū-Nuwās-Geschichten in 1001 Nacht*. In:
ZDMG 88 (1934), 259–76; – *Ders.: Weiteres zu Abū Nuwās in 1001 Nacht*.
In: ZDMG 90 (1936), 602–15.

ÄGYPTISCH *Nöldeke, Th.: Zu den ägyptischen Märchen.* In: ZDMG 42 (1888), 68–72, ein großer Teil der Diebs- und Schelmengeschichten; – Der Versuch von *Vikentiev, V.* In: Bulletin of the Faculty of Arts, Cairo 16 (1954), 55–99; 17 (1955), 111–66, die *Maʿrūf-Geschichte* auf altbabylonische und altägyptische Quellen zurückzuführen, überzeugt nicht.
Zur Z a h l v i e r z i g vor allem *Roscher, W. H.: Die Zahl 40 im Glauben, Brauch und Schrifttum der Semiten.* Abh. d. Kgl. Sächs. Ges. d. Wissenschaften Leipzig, Phil.-Hist. Kl. 37 (1909) 4, und die Rezension von *Littmann* mit Nachträgen in: Deutsche Literaturzeitung 36 (1915), Sp. 221–4.

Die sonstige

Literatur zu einzelnen Erzählungen

befaßt sich großenteils mit Textfragen.
RAHMENERZÄHLUNG *Grotzfeld, H.: Neglected conclusions of the Arabian nights.* In: JAL 16 (1985), 73–87.
ALI BABA UND DIE VIERZIG RÄUBER *Macdonald, D. B.: »Ali Baba and the forty thieves« in Arabic from a Bodleian MS.* In: JRAS (1910), 327–86 (Abdruck des arabischen Texts mit philologischer Einleitung); – *Ders.: Further notes on »Ali Baba and the forty thieves«.* In: JRAS (1913), 41–53; – *Nöldeke, Th.: Ali Baba und die vierzig Räuber.* In: Zeitschrift f. Assyriologie, 28 (1914), 242–52 (Bemerkungen zur Textgestalt, Vergleich mit der Gallandschen Fassung).
ʿALĀ ED-DĪN UND DIE WUNDERLAMPE Z = *Zotenberg, H.: Histoire d'Alā Al-Dīn ou la lampe merveilleuse.* Paris 1888 (Abdruck des arabischen Texts nach der Kopie von M. Sabbagh; S.1–52 Bemerkungen über den Geschichtenbestand verschiedener Handschriften; S. 53–67 Ausführungen zur ägyptischen Rezension); – *Long, Ch. R.: Aladdin and the wonderful lamp.* In: Archaeology 9 (1956) 210–14, identifiziert die Schatzhöhle mit einem Pharaonengrab in Ägypten.
SINDBAD DER SEEFAHRER LS = *Langlès, L.: Les voyages de Sind-bād le marin et la ruse des femmes.* Paris 1814 (arabischer Text der A-Fassung mit französischer Übersetzung, die die Fehler im Text noch nicht korrigieren konnte, und Anmerkungen); – *De Goeje, M. J.: De reizen van de Sindbaad.* In: De Gids 53 (1889) 3, 278–312, spürt Motive aus Sindbad vor allem aus *Ibn Hurdādbih* auf; – *Ders.: La légende de Saint Brandan.* In: Actes du VIIIe Congrés International des Orientalistes 1889. 2e partie, Leyde 1893, 43–76; – *Casanova, P.: Notes sur les voyages de Sindbād le marin.* In: Bulletin de l'Institut Français d'Archéologie orientale, Le Caire 20 (1922), 111–99 (nicht überzeugende Begründung der Entstehungszeit; Handschriften in der Bibliothèque Nationale; Episoden der 6. und 7. Reise in A aus der klassischen arabischen Literatur); – *Henning, R.: Terrae incognitae.* Bd. 2. Leiden 1950, Index, vor allem S. 197 ff. zur Entstehungszeit. –

Molan, P. D.: Sinbad (!) the sailor. Acommentary on the ethics of violence. In: JRAS 98 (1978), 237–47 (strukturalistische Untersuchung der BK-Fassung); – *Miquel, A.: Les voyages des Sindbad le marin.* In: *A. Miquel: Sept contes des mille et une nuits ou il n'y a pas des contes innocents.* Paris 1981, 79–110 (gute literaturwissenschaftliche Analyse der BK-Fassung); – Zum Quellenvergleich wurde herangezogen *Ibn Hurdādbih: Kitāb al-masālik wal-mamālik,* ed. M. J. de Goeje. Leiden 1889; *Buzurg Ibn Šahrijār: Kitāb Ağā'ib al-Hind ou livre de merveilles de l'Inde,* ed. P. A. van der Lith, trad. franç. par L. M. Devic. Leiden 1883–86; *Qazwīnī: Zakarija Ben Muhammed Ben Mahmud el-Cazwini's Kosmographie,* ed. F. Wüstenfeld, T. 1, 2. Göttingen 1849.

A. Miquels obengenanntes Buch enthält Analysen noch zu den Geschichten: Tawaddud; 'Alī Zaibak; 'Abdallāh der Landbewohner und 'Abdallāh der Meermann; Abu Mohammed, der Faulpelz; der Mann aus Jemen und seine 6 Sklavinnen; Nūr ed-Dīn und Schams ed-Dīn. – Allegorische Deutungen sucht *A. Hamori* in: *An allegory from the Arabian nights: The city of brass; The music of the spheres: The porter and the three ladies of Baghdad.* In seinem Buch: *On the art of medieval Arabic literature.* Princeton 1974, 145–80; *The magician and the whore: Readings of Qamar al-Zaman.* In: *The 1001 nights: Critical essays and annotated bibliography.* Cambridge, Mass. 1983, 25–40; *A comic romance from the thousand and one nights: The tale of the two viziers.* In: Arabica 30 (1983), 38–56.

Untersuchungen zu

Stil und Erzählweise

sind für Tausendundeine Nacht wie für die gesamte arabische Literatur ein Desiderat. Anregungen können Untersuchungen zu anderen Literaturen bieten, etwa *Stanzel, F. K.: Theorie des Erzählens.* Göttingen 1979; *Effe, B.: ›Personale‹ Erzählweisen in der Erzählliteratur der Antike.* In: Fabula 7 (1975), 135–57, z. B. für Sindbad den Seefahrer. – Zur Verwendung der REIMPROSA hat sich *Littmann* in seiner *Antrittsvorlesung* (s. o., S. 166) geäußert. – Zu den VERSEINLAGEN *Horovitz, J.: Poetische Zitate in 1001 Nacht.* In: Weil, Gotth. (Hgb.) Festschrift für E. Sachau. Berlin 1915, 375–77. – *T. Todorovs* Essay *Die Erzählmenschen* steht in: Inselalmanach, 1968, 65–83.

Zur Märchentypologie und zu orientalischen Erzählstoffen

Grundlegend ist *Aarne, A., Thompson, St.: The types of the folktale.* A classification and bibliography. [3]Helsinki 1971 (FFC 184); – dazu Ergänzungen zu orientalischen Volksmärchen: *Eberhard, W., Boratav, P. N.: Typen türkischer Volksmärchen.* Wiesbaden 1953; *Nowak, U.: Beiträge zur*

Typologie des arabischen Volksmärchens. Freiburg i. Br., Phil. Diss. 1969; – *Marzolph, U.: Typologie des persischen Volksmärchens.* Beirut 1984. – Über Märchenstoffe in der Literatur *Heller, B.: Das hebräische und das arabische Märchen.* In: *Bolte, J., Polivka, G.: Anmerkungen zu den Kinder- und Hausmärchen der Brüder Grimm.* Bd. 4, Leipzig 1930, 315–418; – Neuer: *Spies, O.: Arabisch-islamische Erzählstoffe.* In: *Ranke, K.* (Hgb.): Enzyklopädie des Märchens. Bd. 1 (1977), Sp. 685–718; – *Ders.: Orientalische Stoffe in den Kinder- und Hausmärchen der Brüder Grimm.* Walldorf-Hessen 1951.

Literatur zur Volkserzähl- und Märchenforschung

Grundlegend ist *Bausinger, H.: Formen der »Volkspoesie«.* [2]Berlin 1980; ferner *Ranke, K.: Die Welt der einfachen Formen.* Berlin 1978. – *M.* Lüthis Untersuchungen zum Märchen bieten viele Anregungen, etwa: *Märchen.* [7]Stuttgart 1979. – *Es war einmal . . .* [6]Göttingen 1983; – *Das Volksmärchen als Dichtung.* Düsseldorf, Köln 1975; – Mehr volkskundlich orientiert sind *Röhrich, L.: Märchen und Wirklichkeit.* [3]Wiesbaden 1973; – *Ders.: Sage und Märchen.* Basel, Wien 1976; – *Rötzer, H. G.: Märchen.* Bamberg 1982; – Zur Erzählsituation *Dégh, L.: Märchen, Erzähler und Erzählgemeinschaft.* Berlin 1962; – Strukturalistisch *Propp, V.: Morphologie des Märchens.* Frankfurt/M 1975; – Soziologisch *Nitschke, A.: Soziale Ordnung im Spiegel der Märchen.* Bd. 1, 2. Stuttgart-Bad Cannstatt 1976/77. (Gültigkeit für das orientalische Märchen müßte intensiver geprüft werden)

Weitere Literaturempfehlungen

Cahen, C.: Der Islam I; Grunebaum, G. E. v.: Der Islam II. Frankfurt/M 1968/1971. [Fischer-Weltgeschichte. Bd. 14/15]; – *Grunebaum, G. E. v.: Der Islam im Mittelalter.* Zürich, Stuttgart 1963; – *Gibb, H. A. R., Landau, J. M.: Arabische Literaturgeschichte.* Zürich, Stuttgart 1968. – *Gätje, H.* (Hgb.): *Grundriß der arabischen Philologie.* Bd. 2: *Literaturwissenschaft.* Wiesbaden 1987.

NACHWEIS DER ZITATE

S.14 nach: Abbott a.a.O., 132 f.

S.15 al-Mas'ūdī: Les prairies d'or. Texte et traduction par C. Barbier de Meynard. T. IV, Paris 1865, 89 f.

S.15 Ibn an-Nadīm: Kitāb al-fihrist. Mit Anm. hgb. v. G. Flügel. Bd.1, Leipzig 1871, 304.

S.16 ebda., 308.

S.17 al-Maqrīzī: Kitāb al-ḫiṭaṭ. Kairo 1270/1854. Ǧ. I, 485.

S.19 Ulrich Jaspar Seetzen's Reisen durch Syrien, Palästina, Phönicien, die Transjordan-Länder... Hgb. u. comm. v. F. Kruse. Bd.III, Berlin 1885, 188.

S.22/3 Ibn an-Nadīm, a.a.O., 304.

S.23 aṣ-Ṣūlī: Aḫbār ar-Rāḍī wal-Muttaqī. From the Kitāb al-aurāq. Ed. J. Heyworth-Dunne. London 1935, 5 f.

S.36 J. L. Borges: Gesammelte Werke. Bd. 5/I. München 1981, 241.

S.41 f. nach: Walther, K. K.: Eine unbekannte frühe deutsche Übersetzung von 1001 Nacht. In: Marginalien 65 (1977), 43 [aus: Göttingisches Magazin der Wissenschaften und Literatur 2 (1781), 305].

S.52 Borges, a.a.O., 265.

S.142 Ibn Hurdādbih, a.a.O., 65.

S.153 at-Tanūḫī: Kitāb al-faraǧ ba'd aš-šidda. Ed. A. Shalchy. Ǧ. 3, Beirut 1978, 174 f.

S.158 E. Bloch: Gesamtausgabe. Bd. 5, Frankfurt/M. 1977, 421.

S.163 ebda., 420.

Abkürzungen

HBO = Hallesche Beiträge zur Orientwissenschaft

Inselalmanach = »Irrgarten der Lust«. 1001 Nacht. Inselalmanach auf das Jahr 1969. Frankfurt/M. 1968

JAL = Journal of Arabic Literature

JAOS = Journal of the American Oriental Society

JRAS = Journal of the Royal Asiatic Society

ZDMG = Zeitschrift der Deutschen Morgenländischen Gesellschaft

Bildnachweis

Bildmotiv auf dem Umschlag aus: B. W. Robinson (Ed.), Islamic Painting and the Arts of the Book. The Keir Collection. London, Thames and Hudson, 1976.

Artemis Einführungen

Die antike Rhetorik. Eine Einführung von M. Fuhrmann.
160 S., 1984, br., ISBN 3-7608-1304-6

Der antike Roman. Eine Einführung von N. Holzberg.
135 S., 1986, br., ISBN 3-7608-1325-9

Deutsche Großstadtlyrik. Eine Einführung von K. Riha.
168 S., mit 16 Abb., 1983, br., ISBN 3-7608-1308-9

Der deutsche Schelmenroman. Eine Einführung von J. Jacobs.
135 S., 1983, br., ISBN 3-7608-1306-2

Dickens. Eine Einführung von P. Goetsch.
191 S., 1986, br., ISBN 3-7608-1328-3

Diderot. Eine Einführung von J. v. Stackelberg.
119 S., 1983, br., ISBN 3-7608-1303-8

Der englische Schauerroman. Eine Einführung von I. Weber.
144 S., 1983, br., ISBN 3-7608-1307-0

Französische Literatur – Renaissance und Barock.
Eine Einführung von J. v. Stackelberg.
144 S., 1984, br., ISBN 3-7608-1313-5

Gottfried von Straßburg – Tristan und Isolde.
Eine Einführung von C. Huber.
140 S., 1986, br., ISBN 3-7608-1324-0

Griechische Mythologie. Eine Einführung von F. Graf.
198 S., 1985, br., ISBN 3-7608-1316-X

Die griechische Tragödie. Eine Einführung
von B. Zimmermann. 148 S., 1986, br., ISBN 3-7608-1329-1

Homer. Eine Einführung von J. Latacz.
207 S., 1985, br., ISBN 3-7608-1320-8

Horaz. Eine Einführung von B. Kytzler.
137 S., 1985, br., ISBN 3-7608-1317-8

Franz Kafka. Eine Einführung von W. Ries.
137 S., 1987, br., ISBN 3-7608-1333-X

Gottfried Keller. Eine Einführung von G. Kaiser.
144 S., 1985, br., ISBN 3-7608-1319-4

Lessing. Eine Einführung von J. Jacobs.
138 S., 1986, br., ISBN 3-7608-1327-5

Literarischer Jugendstil in Wien. Eine Einführung
von H. Scheible. 184 S., mit 2 Abb., 1984, br., ISBN 3-7608-1312-7

Die Märchen der Brüder Grimm. Eine Einführung von H. Röllecke. 104 S., 1985, br., ISBN 3-7608-1318-6

Moderne englische Gesellschaftskomödie, von Oscar Wilde bis Tom Stoppard. Eine Einführung von A. Barth. 139 S., 1987, br., ISBN 3-7608-1332-1

Molière. Eine Einführung von J. v. Stackelberg. 122 S., 1986, br., ISBN 3-7608-1323-2

Musil. Eine Einführung von E. Heftrich. 160 S., 1986, br., ISBN 3-7608-1330-5

Das Nibelungenlied. Eine Einführung von J. Heinzle. 136 S., 1987, br., ISBN 3-7608-1335-6

George Orwell. Eine Einführung von H.-J. Lang. 138 S., 1983, br., ISBN 3-7608-1309-7

Ezra Pound. Eine Einführung von F. Link. 151 S., 1984, br., ISBN 3-7608-1314-3

Russische Satire im 20. Jahrhundert. Eine Einführung von J.-U. Peters. 141 S., mit 2 Abb., 1984, br., ISBN 3-7608-1315-1

Skaldendichtung. Eine Einführung von K. v. See. 108 S., 1980, br., ISBN 3-7608-0526-4

Das Tagebuch. Eine Einführung von R. Görner. 128 S., 1986, br., ISBN 3-7608-1326-7

Tolstoj. Eine Einführung von W. Lettenbauer. 132 S., 1984, br., ISBN 3-7608-1311-9

Trobadorlyrik. Eine Einführung von U. Mölk. 127 S., 1982, br., ISBN 3-7608-1302-X

Tschechow. Eine Einführung von K. Hielscher. 138 S., 1987, br., ISBN 3-7608-1334-8

Mark Twain. Eine Einführung von H. Breinig. 191 S., 1985, br., ISBN 3-7608-1321-6

Der utopische Roman. Eine Einführung von H. Gnüg. 182 S., 1983, br., ISBN 3-7608-1310-0

Walther von der Vogelweide. Eine Einführung von G. Hahn. 160 S., 1986, br., ISBN 3-7608-1322-4

Virginia Woolf. Eine Einführung von W. Erzgräber. 174 S., 1982, br., ISBN 3-7608-1301-1

Artemis Verlag

D-8000 München 40, Martiusstraße 8 · CH-8024 Zürich, Limmatquai 18